Théâtre

*La Nuit
de Valognes*

PERSONNAGES

DON JUAN, *sans âge.*
LA DUCHESSE DE VAUBRICOURT, *belle femme âgée.*
ANGÉLIQUE DE CHIFFREVILLE, *dite* LA PETITE, *jeune fille.*
LE CHEVALIER DE CHIFFREVILLE, *dit* LE JEUNE HOMME, *son frère.*
LA COMTESSE DE LA ROCHE-PIQUET.
MADEMOISELLE DE LA TRINGLE.
HORTENSE DE HAUTECLAIRE, *dite* LA RELIGIEUSE.
MADAME CASSIN.
SGANARELLE, *valet de Don Juan.*
MARION, *jeune et jolie servante de la Duchesse.*

Acte I

Le salon d'un château de province au milieu du XVIIIe siècle. Visiblement on a perdu l'habitude d'y venir, les meubles sont anciens, les tapisseries défraîchies, et l'on voit, çà et là, des draps protecteurs, de la poussière et des toiles d'araignée.

Un escalier monte à un étage.

C'est la nuit au-dehors. On doit sentir alentour la froide obscurité de la plaine normande, le ciel noir et bas, et les clochers sans lune.

SCÈNE 1

La Comtesse entre en habits rouges, précédée de Marion, servante de la Duchesse. Elle découvre sans plaisir l'état de la pièce.

LA COMTESSE. Vous êtes bien certaine de ne pas vous tromper, ma fille ? Je suis la comtesse de la Roche-Piquet.

La Nuit de Valognes

MARION. Je vais prévenir Madame de votre arrivée.

LA COMTESSE. Non, je savais la Duchesse originale, mais qu'elle fût capable de donner des rendez-vous dans un débarras, je ne l'aurais pas soupçonné. Me demander de quitter Paris toute affaire cessante, sans un mot pour mon mari ou mes amants, passe encore, je dois bien cela à son amitié. Mais me demander de venir ici, au plus profond de la Normandie ! Ces plaines interminables, ces arbres de pendus, ces maisons basses et cette nuit qui s'abat sans prévenir, comme une hache sur l'échafaud. A-t-on idée de mettre la campagne aussi loin de Paris ? *(Passant un doigt dans la poussière.)* Vous êtes sûre que nous ne sommes pas à l'office ?

MARION. Certaine, Madame, à l'office, vous vous croiriez à la cave.

LA COMTESSE. Alors je n'ose imaginer ce que l'on doit penser à la cave.

MARION. Madame la Duchesse n'a pas habité cette maison depuis trente ans...

LA COMTESSE. Elle avait raison.

MARION. ...et puis il y a trois jours, elle a décidé de revenir ici.

LA COMTESSE. Elle a eu tort. Mais cette odeur, ma fille, cette odeur ?

La Nuit de Valognes

MARION. Le renfermé.

LA COMTESSE. Comme c'est étrange ! De la pierre, du bois, du tissu... On a toujours l'impression, d'ordinaire, que ce sont les humains qui dégagent des odeurs, et voilà que les objets s'y mettent dès qu'on les laisse tranquilles... *(Elle regarde les meubles.)* Comme nos ancêtres devaient s'ennuyer... Pourquoi le passé semble-t-il toujours austère ?

MARION. Pardonnez-moi, Madame, mais j'entends une voiture.

LA COMTESSE. Comment ? Nous sommes plusieurs ?

Marion est déjà sortie. La Comtesse s'approche du feu pour s'y chauffer lorsqu'elle voit le portrait. Celui-ci reste caché au public.

LA COMTESSE. Mon Dieu ! Ce portrait...

Elle semble un instant paniquée, puis elle s'approche lentement, pour le contempler d'un air mauvais. Elle siffle entre ses dents.

LA COMTESSE. Ah ça !

On entend le tonnerre gronder et l'on comprend qu'un orage est en train de se déclarer au-dehors.

La Nuit de Valognes

SCÈNE 2

La Religieuse entre, grelottante, suivie de Marion.

LA RELIGIEUSE. Mettez-moi près du feu, oui, là, près du feu. Je n'en puis plus, je suis moulue. *(Voyant la Comtesse.)* Madame, pardonnez-moi, je ne vous avais pas vue. Hortense de Hauteclaire, ou plutôt, par la grâce de Dieu, sœur Bertille-des-Oiseaux.

LA COMTESSE. Comtesse de la Roche-Piquet.

LA RELIGIEUSE. Comme je suis heureuse de vous connaître ! Je suis encore tout étourdie. J'en suis à mon premier voyage. Vous êtes très belle. Oh, comment peut-on garder son calme au milieu de ces secousses, de ces cahots ? Je dois être horrible à voir, non ?

LA COMTESSE *(lui jetant un regard froid)*. Quelle importance ?

LA RELIGIEUSE. Le Seigneur, en nous faisant femmes, nous a rendu la vertu bien difficile ! Il est si malaisé d'oublier son visage !

LA COMTESSE. A votre place, j'y arriverais très bien.

LA RELIGIEUSE *(admirative)*. Comme vous avez l'esprit juste ! L'excès d'humilité révèle l'orgueil :

on ne parle plus que de soi. Je suis une sotte prétentieuse. *(Changeant brusquement.)* Je suis tellement émue ! Cette lettre de la duchesse de Vaubricourt, moi qui n'en reçois jamais, puis la supérieure qui m'appelle en pleine nuit, la berline à la porte de derrière, ce cocher vêtu de noir, et toutes mes sœurs qui dorment sans savoir où je suis...

LA COMTESSE *(ironique)*. Un enlèvement, en quelque sorte ?

LA RELIGIEUSE *(sans réfléchir)*. Exactement. *(Subitement inquiète.)* Vous devez me trouver bien frivole ?

LA COMTESSE. Votre réclusion vous en donne le droit, et j'estime que la frivolité est une vertu qui sied bien à une femme ; je suis moi-même dévote de ce parti-là.

LA RELIGIEUSE. Je ne devrais pas vous laisser dire cela.

LA COMTESSE. Il faudrait ne pas l'entendre.

LA RELIGIEUSE *(apercevant le portrait)*. Ah !... Mon Dieu !...

Au-dehors l'orage bat son plein.

LA COMTESSE *(ne comprenant pas)*. Vous aurais-je choquée ?

LA RELIGIEUSE. Là... Là... Là... Le portrait !

La Nuit de Valognes

LA COMTESSE *(comprenant).* Tiens, tiens ! *(Brusquement, à la religieuse.)* Vous connaissez cet homme ?

LA RELIGIEUSE. Je... Je... Jamais vu !

LA COMTESSE. Vous avez crié, pourtant.

LA RELIGIEUSE. Jamais vu, jamais vu. Pas du tout. Ça ne lui ressemble pas du tout. Connais pas. *(Elle joue très mal.)* C'est le froid, la chaleur, le voyage, se retrouver assise tout d'un coup. *(Ramassant fébrilement ses affaires.)* Je n'aurais jamais dû partir, je retourne au couvent, je vais attraper la mort ici.

LA COMTESSE *(très doucement).* Il vous a tant fait souffrir ?

LA RELIGIEUSE *(geignant, sans réfléchir).* Oh ! oui tellement... *(Elle se rend compte qu'elle vient de se trahir.)* Mon Dieu, qu'est-ce que vous me faites dire ? Aidez-moi, il faut que je parte, il faudra m'excuser auprès de la Duchesse, dire que mon cocher a été rappelé au couvent.

SCÈNE 3

Marion entre, suivie de Mademoiselle de la Tringle. Lorsqu'elle voit la Religieuse sur le point de partir, elle prend d'autorité son bagage et l'emporte

La Nuit de Valognes

au premier étage, sans mot dire. Trop étonnée par ce geste, la Religieuse ne réagit même pas.

MADEMOISELLE DE LA TRINGLE. Madame. Ma sœur.

LA COMTESSE. Madame.

LA RELIGIEUSE. Madame.

MADEMOISELLE DE LA TRINGLE. Nous avons toutes rendez-vous avec Madame de Vaubricourt ?

LA COMTESSE. Toutes. Et aucune ne sait pourquoi.

MADEMOISELLE DE LA TRINGLE. Je l'ignore aussi. *(A la Comtesse.)* Nous nous connaissons, je crois, Comtesse...

LA COMTESSE. Nous nous sommes côtoyées. Vous parliez dans certains salons où je me contentais de paraître, Mademoiselle de la Tringle.

LA RELIGIEUSE. Mademoiselle de la Tringle ? La célèbre Mademoiselle de la Tringle ? L'auteur de *Diane et Phoebus*, des *Malheurs de la destinée*, des *Astres de l'Amour* ?

LA COMTESSE *(ironiquement)*. Elle-même.

MADEMOISELLE DE LA TRINGLE. Mais oui. Je vois, ma sœur, que mes livres parviennent jusqu'aux havres de paix de nos couvents, et vous m'en voyez ravie.

La Nuit de Valognes

LA RELIGIEUSE *(baissant les yeux).* Ils y arrivent, certes, mais sous la cornette, nous n'avons pas le droit de les lire : ce sont des romans d'amour. D'ailleurs, moi, je n'ai lu que *Les Astres de l'Amour,* et sœur Blanche s'est fait pincer avec *Diane et Phoebus.* On ne l'a jamais revu. *Diane et Phoebus,* bien sûr, pas sœur Blanche. C'était si beau ! Et si poétique ! Le ton était tellement élevé !

LA COMTESSE. Ça ! Cela se place sur des hauteurs qui ne sont point celles de l'amour terrestre. Tant de constance, de fidélité, d'obstacles et d'attentes, et tout cela pour rien, pas un baiser, ni même une accolade ! Ce sont peut-être des romans d'amour, mais c'est ennuyeux comme la vertu. Mademoiselle ne parle jamais des étreintes entre les amants, de la chaleur des corps, de la fougue des retrouvailles... sans doute manque-t-elle totalement d'imagination... ou d'expérience. Je n'ai jamais pu finir un seul de ses romans.

MADEMOISELLE DE LA TRINGLE. J'ignorais que vous sussiez lire.

LA COMTESSE. Il est vrai que je n'en ai guère le temps. Voyez-vous, moi, les histoires d'amour, je n'ai pas l'habitude de m'asseoir à un bureau pour les vivre.

MADEMOISELLE DE LA TRINGLE. Je vois : vous les écrivez sur votre peau.

LA COMTESSE. Oui, et encore, on m'aide !

La Nuit de Valognes

LA RELIGIEUSE *(effrayée).* Mesdames, mesdames, paix, voyons, paix, ne nous comportons pas comme de pauvres femmes. Tâchons plutôt de comprendre pourquoi la Duchesse nous a fait venir ici. Je crois qu'il s'agit de quelque chose de grave, mon billet disait : « C'est une question de vie ou de mort. » Et le vôtre ?

MADEMOISELLE DE LA TRINGLE. « Il y va de l'honneur d'une femme. » Je suis immédiatement accourue.

LA RELIGIEUSE. Et vous, Comtesse ?

LA COMTESSE. Il y était simplement question d'« une affaire d'importance », mais je suis une intime de la Duchesse, elle n'a pas besoin de m'effrayer pour obtenir ma diligence. Au fait, mademoiselle, avez-vous remarqué ce portrait ? *(Mademoiselle de la Tringle chausse ses lunettes et le contemple calmement.)* Eh bien ?

MADEMOISELLE DE LA TRINGLE. Je vous demande pardon ?

LA COMTESSE. Qu'en pensez-vous ?

MADEMOISELLE DE LA TRINGLE. Oh, je ne suis guère experte en matière de peinture, quoique j'aie poussé assez loin un petit talent dans l'aquarelle... Mais je crois pouvoir assurer qu'il est assez mauvais.

LA COMTESSE. Infidèle ?

La Nuit de Valognes

MADEMOISELLE DE LA TRINGLE. Oh, je ne juge pas de la ressemblance, je me place au point de vue de l'art. Le trait est un peu mou et la composition mériterait d'être redressée. *(Elle lâche tranquillement.)* C'est positivement une croûte. *(D'un ton faussement détaché.)* Vous connaissez le modèle ?

LA COMTESSE. Très bien. Et vous ?

MADEMOISELLE DE LA TRINGLE. Non, pas du tout.

LA COMTESSE *(regardant le portrait).* Et je ne suis pas près de l'oublier, moi.

L'orage redouble. Mademoiselle de la Tringle et la Religieuse cachent leur émotion.

Marion entre alors, précédant Madame Cassin.

SCÈNE 4

MARION. Veuillez entrer, Madame, maintenant que vous êtes toutes arrivées, madame la Duchesse ne saurait tarder.

MADAME CASSIN *(légèrement mouillée par la pluie, s'approche timidement pour saluer).* Mesdames... *(Lorsqu'elle voit le portrait.)* Ah !... *(Elle défaille. La Religieuse l'empêche de tomber et l'assied dans un fauteuil.)* Lui... C'est lui !

LA COMTESSE *(ironique, à Mademoiselle de la Tringle)*. C'est étrange, n'est-ce pas, une telle sensibilité à l'art ?

MADEMOISELLE DE LA TRINGLE. Quand je vous disais que ce portrait est très mauvais.

LA COMTESSE. Et je prétends, au contraire, qu'il est fort bon.

LA RELIGIEUSE. Remettez-vous, madame, remettez-vous, vous n'avez que des amies ici. Prenez donc un verre d'eau, cela vous apaisera.

MADAME CASSIN. Oh, mesdames, pardonnez-moi, c'est le voyage, c'est l'émotion...

LA COMTESSE *(ricanante)*. Oui, oui, bien sûr... Vous l'avez reconnu ?

MADAME CASSIN *(tentant d'ignorer les remarques de la Comtesse)*. La fatigue me fait manquer à tous mes devoirs, permettez-moi de me présenter : je suis Madame Cassin.

LA COMTESSE. Madame de ?...

MADAME CASSIN. Madame Cassin. Épouse de Monsieur Cassin, orfèvre de la rue Royale à Paris, et fournisseur du Roy.

LA COMTESSE. Tiens, je ne savais pas que la Duchesse tînt boutique dans son salon. Mais nous sommes à la campagne, sans doute cela n'a-t-il aucune importance.

La Nuit de Valognes

LA RELIGIEUSE. Permettez-moi de faire les présentations. Madame la comtesse de la Roche-Piquet, Mademoiselle de la Tringle, célèbre romancière, et moi-même, Hortense de Hauteclaire, devenue sœur Bertille-des-Oiseaux par la grâce de Notre-Seigneur Jésus-Christ. Savez-vous pourquoi vous êtes ici ? Nous nous y sommes rendues sans bien en démêler les raisons.

MADAME CASSIN. Il ne m'a été donné aucune explication. J'ai reçu un billet de la Duchesse me demandant d'être ici ce soir, c'est tout.

LA COMTESSE. Naturellement, aux gens de ce monde on ne doit pas d'explication : il suffit de les siffler.

MADEMOISELLE DE LA TRINGLE. Je vous trouve bien agrippée à vos privilèges, Comtesse...

LA COMTESSE. Je suis née. Je n'ai pas besoin de transpirer pour justifier mon existence. Me suis-je jamais piquée de travailler ?

MADEMOISELLE DE LA TRINGLE. Non, fort heureusement, car si l'on vous payait pour ce que vous faites, vous porteriez un bien vilain nom.

LA COMTESSE. Je ne vous permets pas...

LA RELIGIEUSE. Mesdames, mesdames, il faut nous comporter dignement pour mériter l'intérêt que nous témoigne la Duchesse. Tâchons plutôt de comprendre pourquoi nous sommes ici. Il doit y avoir une raison. Qu'avons-nous en commun ?

LA COMTESSE. Nous sommes des femmes.

MADEMOISELLE DE LA TRINGLE. Et alors ? Cela ne justifie pas le moindre point commun entre vous et moi, par exemple. Je ne suis pas de celles qui passent leur journée à se vêtir et à se peindre.

LA COMTESSE. C'est dommage, vous devriez.

MADEMOISELLE DE LA TRINGLE. Et je ne suis pas non plus de celles qui ne songent qu'à sacrifier leur dignité sur l'autel du lit d'un homme.

LA COMTESSE. Visiblement, vous avez assez peu sacrifié.

MADEMOISELLE DE LA TRINGLE. Je me suis donnée à l'art et à l'intelligence.

LA COMTESSE. Faute de grives, on mange des merles.

MADEMOISELLE DE LA TRINGLE. Je suis l'auteur de quatorze romans.

LA COMTESSE. Soit quatorze fois la même chose.

MADEMOISELLE DE LA TRINGLE. De quatorze romans, d'une grammaire du grec ancien et d'une nouvelle traduction d'Hérodote.

LA COMTESSE. Bonne idée. Mieux vaut s'en prendre aux morts. Ils n'ont pas l'osselet baladeur. Vous assurez votre vertu.

La Nuit de Valognes

MADEMOISELLE DE LA TRINGLE. Mais je n'ai pas besoin de lutter pour être vertueuse.

LA COMTESSE. C'est vrai. Le vice se décourage de lui-même en vous voyant.

MADEMOISELLE DE LA TRINGLE. Tandis que lorsqu'il vous voit...

LA COMTESSE. Parfaitement, il grossit et il devient tout rouge !

LA RELIGIEUSE. Mesdames, mesdames, paix entre vous, je vous prie, paix entre vous. Que va penser madame la Duchesse ?

SCÈNE 5

LA DUCHESSE *(apparaissant en haut de l'escalier)*. La Duchesse est pleine d'indulgence pour l'humanité, ou disons qu'elle a perdu toutes ses illusions, ce qui revient au même. Bonsoir, mesdames. *(Elle descend. On la salue.)* Dieu que vous êtes charmantes, toutes ces Parisiennes à la campagne, comme c'est frais, comme c'est piquant, un vrai bouquet des villes. Ah, cette santé, cette vie dans ces vieux murs, c'est terrible, savez-vous, la maison n'en paraît que plus vieille, plus délabrée. Et moi aussi sans doute.

LA RELIGIEUSE. Duchesse...

La Nuit de Valognes

LA DUCHESSE. Merci, ma sœur, merci.

MADEMOISELLE DE LA TRINGLE. Allons, Duchesse, voyons, la beauté, cela a tellement peu d'importance !

LA DUCHESSE. Ne dites pas cela, c'est une parole de laide, on pourrait vous croire. *(Élégamment.)* Je vous en prie, asseyez-vous.

Les femmes s'assoient, sauf la Comtesse, trop impatiente et trop nerveuse pour s'immobiliser sur un siège.

Un temps.

La Duchesse semble ne pas entendre ce silence, ni saisir la gêne.

LA DUCHESSE. Vilain temps, n'est-ce pas ?...

LA RELIGIEUSE *(renchérissant)*. Ouh là, là !...

LA DUCHESSE *(à la Comtesse)*. Je suis profondément indifférente au temps qu'il fait, mais j'ai appris qu'en société, on n'en parlait que pour s'en plaindre... *(Elle se retourne immédiatement vers la Religieuse et répète, d'un ton appuyé.)* Vilain temps, n'est-ce pas ?

LA RELIGIEUSE *(automatiquement)*. Ouh là, là...

La Comtesse ne supporte pas ce bavardage.

LA COMTESSE. J'imagine cependant que ce n'est pas pour nous délivrer ces désopilantes réflexions sur l'existence que vous avez pris la peine, Duchesse, de nous mander ici ?

LA DUCHESSE. Ma chère Aglaé, je vous reconnais bien là, toujours directe, franche, impolie, la parole prompte. Je vous dois en effet une explication. Asseyez-vous, je vous prie. *(La Comtesse ne s'assoit pas. Un temps.)* Voilà : mon paon est en train de mourir.

LA RELIGIEUSE. Votre... ?

LA DUCHESSE. Mon paon. *(Expliquant aux femmes qui semblent ne pas comprendre.)* Vous savez, l'animal qu'il y a sous les plumes... Car elles ne poussent pas seulement dans les vases ou sur les chapeaux... *(Pour elle-même.)* Je n'ai d'ailleurs jamais compris comment les femmes pouvaient se planter sur la tête ce que cet oiseau porte sur le derrière...

LA COMTESSE. Il vaut mieux cela que l'inverse.

LA DUCHESSE *(conciliante)*. Certes.

MADEMOISELLE DE LA TRINGLE *(voulant comprendre)*. Votre paon est en train de mourir ?

LA DUCHESSE. Voilà.

MADAME CASSIN. Vous y étiez très attachée ?

LA DUCHESSE. Nous nous connaissons depuis l'enfance.

La Nuit de Valognes

LA RELIGIEUSE *(naïvement).* Je ne savais pas que les paons vivaient aussi longtemps.

LA DUCHESSE *(faussement vexée).* Je vous remercie. *(Changeant de ton sans transition.)* Dans ma famille, il est d'usage que tout enfant naisse en même temps qu'un paon. C'est une tradition. Nous sommes nés ici, mon paon et moi, enfin, lui dans le parc et moi dans la chambre de l'aile droite. *(Changeant de ton.)* Oui, je l'avoue, j'ai négligé mon paon pendant ma vie de femme. Et puis, presque par hasard, je suis revenue ici il y a quinze ans. J'ai vu mon paon dans un si pauvre état, grossi, boiteux, déplumé, rhumatisant, sa queue ne déployant qu'un éventail édenté, que ce jour-là, je me suis apitoyée sur nous-mêmes. Oui, nous avions vieilli. Il était bien passé, le temps de nos splendeurs. Car je dois dire sans fausse modestie que c'était un très beau paon. De l'avis général. Alors je l'ai emmené avec moi, à Paris, où il vécut dans mon jardin. Mais cette dernière semaine fut terrible pour lui, son état s'est aggravé : il respire avec peine et trahit des signes de grave lassitude. Il ne peut plus ni bouger ni chanter.

LA RELIGIEUSE. Cela chante, un paon ?

LA DUCHESSE *(joyeuse).* La première fois que je me suis trouvée à l'Opéra, j'ai cru qu'il s'était caché dans la fosse.

LA RELIGIEUSE *(sans rapport).* La pauvre bête.

La Nuit de Valognes

LA DUCHESSE. N'est-ce pas ? Mais je n'ai pas peur pour moi. Mon père a survécu cinq ans à son paon, ce que je trouve d'ailleurs injuste car mon père était assommant et son paon délicieux. *(Disant sans transition, d'un ton tragique.)* Il n'en a plus que pour quelques heures !

LA COMTESSE. C'est bien triste mais qu'y pouvons-nous ? J'avoue que je ne m'y connais guère en paons.

LA DUCHESSE *(gaie)*. Je sais, ce ne sont pas vos oiseaux habituels. *(Changeant de ton.)* C'est l'heure des comptes, Aglaé, il faut boucler nos existences. Je parle pour nous toutes. Mon paon agonisant m'indique qu'il est temps de mettre mes affaires, vos affaires, en ordre, et je vais vous aider à le faire.

MADEMOISELLE DE LA TRINGLE. Mais qu'avons-nous à voir avec tout cela ?

LA COMTESSE. De quoi parlez-vous ?

LA DUCHESSE. Il va venir. Je le tiens. Il doit être là ce soir.

L'orage redouble dans la nuit noire.

LA COMTESSE *(pense avoir compris et demande avec espoir)*. Mais qui ?

LA DUCHESSE. Celui qui est là, peint sur ce portrait, que vous avez toutes vu en entrant et que vous évitez de regarder depuis que je vous parle, celui auquel vous pensez sans cesse pendant que je débite mes sottises : Don Juan.

LA COMTESSE. Don Juan !

MADAME CASSIN. Mon Dieu !...

LA RELIGIEUSE. Mais madame la Duchesse...

LA DUCHESSE. C'est pour cela que nous sommes ici, comme l'a compris tout de suite ma chère Aglaé. Car voici celles que j'ai convoquées ici ce soir : les victimes de Don Juan.

MADEMOISELLE DE LA TRINGLE, LA RELIGIEUSE, MADAME CASSIN *(toutes les trois ensemble)*. Quoi ? Mais pas du tout ! De quoi parlez-vous ? C'est une honte. Je n'ai rien à voir avec...

LA DUCHESSE. Ne caquetez pas, je vous en prie. Les lois de la nature humaine, je le sais, exigent que pendant quelques instants vous niiez mais s'il vous plaît, soyez fortes, évitez-moi les protestations, les grands dénis, et passez directement à l'assentiment. *(Changeant de ton.)* Ce soir, Don Juan va venir. Il ne sait rien, il croit se rendre à un bal, mais nous, cinq femmes, cinq femmes qu'il a bafouées, cinq femmes défaites que la mémoire torture, que le passé supplicie, cinq femmes ici ce soir le jugeront et le condamneront. *(Ferme.)* Cette nuit, nous ferons le procès de Don Juan.

La Nuit de Valognes

LA RELIGIEUSE. Nous le jugerons ?

MADAME CASSIN. Et le condamnerons ?

LA COMTESSE. A quoi ?

LA DUCHESSE. A réparer.

LA COMTESSE. Comment ?

LA DUCHESSE. En épousant une de ses victimes, en lui étant fidèle, et en la rendant heureuse.

LA COMTESSE. Ridicule ! Il ne voudra jamais.

LA DUCHESSE. Il acceptera.

LA COMTESSE. Vous rêvez.

LA DUCHESSE. J'ai ici une lettre de cachet en blanc – le Roy me devait bien cela – où il me suffirait d'inscrire son nom. Voilà le marché que nous proposerons à Don Juan tout à l'heure : la réparation ou la prison.

LA COMTESSE. Bravo Duchesse, c'est de la belle œuvre. Et qui épouse-t-il ? J'imagine que cela aussi, vous l'avez prévu ?

LA DUCHESSE. Aucune d'entre nous, soyez rassurées...

LA RELIGIEUSE *(hypocritement)*. Plutôt mourir !

LA DUCHESSE. C'est ce que je pensais. Nous sommes des victimes anciennes de Don Juan, tout l'amour s'est éteint en nous, seule la haine reste vivace. *(Changeant de ton).* Il y a là, au-dessus de nos têtes, une jeune fille dont les vingt ans veulent mourir. Vingt ans, il n'y a qu'à vingt ans que l'on est assez vivant pour vouloir mourir, il y faut une chair fraîche, des muscles fermes, des os durs. Lorsque les forces décroissent, lorsque le corps esquisse toujours plus précisément son cadavre, croyez-moi, on ne veut pas mourir, on s'y accroche, à cette vie qu'on a tellement maudite lorsqu'on en avait tant. Elle a vingt ans, c'est une histoire banale pour nous : elle a connu Don Juan, il l'a séduite puis abandonnée... comme les autres. C'est ma filleule. Il l'épousera.

LA RELIGIEUSE *(un peu sèchement).* Elle bénéficie d'une chance que nous n'avons pas eue.

LA DUCHESSE. Je sais, sœur Bertille, je sais l'amertume de donner ce que l'on a voulu recevoir. La bonté est dure. *(Angoissée.)* Nous ? personne ne peut plus nous sauver... Mais nous allons sauver ma petite, et sauver Don Juan du même coup. Ainsi mon paon ne sera pas mort pour rien. *(Avec autorité.)* Acceptez-vous ?

LA COMTESSE, LA RELIGIEUSE, MADAME CASSIN *(se regardent puis déclarent ensemble).* Nous acceptons.

Elles se tournent vers Mademoiselle de la Tringle qui n'a rien dit.

La Nuit de Valognes

LA DUCHESSE. Vous ne vous joignez pas à nous, mademoiselle ?

MADEMOISELLE DE LA TRINGLE. Je ne saurais.

LA COMTESSE. Et la raison ?

MADEMOISELLE DE LA TRINGLE. La raison est que je n'ai pas eu l'heur de connaître Don Juan ni le malheur d'être connue de lui.

LA DUCHESSE *(excessivement polie)*. Croyez-vous ?

MADEMOISELLE DE LA TRINGLE. C'est plus qu'une croyance : une certitude.

LA COMTESSE. Mais, en effet, Duchesse, comment avez-vous pu savoir que toutes, un jour nous avions pu être séduites puis abandonnées par Don Juan ? Que vous ayez pensé à moi, certes, je le comprends, on m'a prêté des liaisons avec tout ce que la terre porte de bipèdes mâles sans plumes, donc pourquoi pas Don Juan... Mais pour ces dames ?

LA DUCHESSE. Le carnet.

MADEMOISELLE DE LA TRINGLE. En tout cas, pour ma part, je...

LA DUCHESSE *(négligeant cette interruption)*. Sganarelle, le valet de Don Juan, a pris la déplorable mais bien utile habitude d'enregistrer les conquêtes de son maître sur un carnet de maroquin vert. *(Elle le sort ; les quatre femmes le regardent avec crainte.)* Vous aimez les chiffres ? Sganarelle les adore. Et Don Juan aussi peut-être, à moins que ce ne soit le vertige. Italie : six cent quarante ! Allemagne : deux cent trente et une. Cent pour la France. En Turquie quatre-vingt-onze. Mais en Espagne : déjà mille et trois.

LA RELIGIEUSE. Mille et trois ?

LA DUCHESSE. Mille et trois !

LA COMTESSE. Combien avez-vous dit pour la France ?

LA DUCHESSE. Cent. Je suis surprise aussi. Bien sûr c'est trop, mais au regard des autres pays... Cent Françaises contre mille et trois Espagnoles moustachues à grosses hanches et au teint vert, c'est vexant. Je m'en ouvris à Sganarelle : « Pourquoi, lui dis-je, si peu de nos compatriotes ? Serions-nous une nation de laiderons, de tordues, de bancales, d'offenses à la nature ? » Savez-vous ce qu'il me répondit ? « Madame, les Françaises sont belles mais trop faciles. Mon maître aime qu'on lui résiste. Les Françaises l'attirent moins que d'autres car elles sont plus gourmandes de plaisir que de vertu. Tandis que les Espagnoles... » Effectivement je n'étais pas une femme facile.

LA RELIGIEUSE. Ni moi non plus.

MADAME CASSIN. Ni moi non plus.

LA COMTESSE. Moi, pas encore.

La Nuit de Valognes

LA DUCHESSE *(ironique)*. Décidément, c'était un prix de vertu, cet homme-là ! Et c'est donc là, mesdames, que je vous ai trouvées : votre défaite y fut minutieusement consignée.

MADEMOISELLE DE LA TRINGLE. Cependant je me permets de douter que vous m'y ayez...

Entre Marion.

MARION. Madame, Monsieur Don Juan est arrivé !

MADAME CASSIN. Ah mon Dieu !

LA RELIGIEUSE. Laissez-moi partir !

MADEMOISELLE DE LA TRINGLE *(glapissante)*. Je n'ai rien à faire ici.

LA DUCHESSE. C'est bien Marion, introduis-le. Et méfie-toi de ce qu'il te racontera en chemin.

MARION *(sortant)*. Oh, Madame, il a l'air si inoffensif !

LA COMTESSE. Inoffensif ? C'est lui !

MADAME CASSIN *(se recoiffant)*. Mon Dieu, mon Dieu.

LA RELIGIEUSE *(arrangeant les plis de sa robe)*. Je veux partir, je veux partir, je vais rater matines.

Dans le même temps, la Comtesse et Mademoiselle de la Tringle rajustent leur toilette.

La Nuit de Valognes

LA DUCHESSE. Mesdames, mesdames, blâme général, je vous rappelle à l'ordre. Que faites-vous ? Vous vous ajustez, vous faites les coquettes : voudriez-vous lui plaire ?...

LA RELIGIEUSE *(sans réfléchir)*. Ça vous va bien de dire cela, vous avez eu toute la journée pour vous préparer alors que nous, nous descendons de carrosse. Et puis à votre âge !

LA DUCHESSE. Ma sœur ! *(Sévère.)* Surveillons-nous, mesdames, surveillons-nous. N'hésitons pas à jeter un blâme public sur celle qui fera le jeu de Don Juan en tentant de le séduire. Nous devons être solidaires. Dénonçons-nous les unes aux autres, sans hésiter ! Nous sommes d'accord ? Mais le voici.

Et, inconsciemment, la Duchesse rajuste sa toilette.

SCÈNE 6

Un éclair traverse la scène et la déchire, aveuglant les cinq femmes en même temps qu'un terrible coup de tonnerre retentit. Don Juan est entré.

DON JUAN. Je suis entré par le cimetière. La lune montrait sa face noire. Un silence de chien qui hurle à la mort. Lorsque j'ai poussé la grille de fer, les chouettes ont lancé le signal de l'intrus, les rats ont couru se cacher sous les tombes, les vers luisants se sont mis en veilleuse, je crois que je les avais un peu dérangés. J'étais épié par mille regards dans l'ombre, c'est si vivant, un cimetière. *(Un court temps.)* Étrange de penser que dans le sol, le sol que nous foulons, il y a de la poussière humaine, d'anciens cœurs qui ont battu, que ce qui a été chair, sang, ventre, sperme est redevenu terre. Étrange voyage. A faire douter de la mort. Ou de la vie. *(Se tournant vers la Duchesse.)* Je viens de voir la statue de votre trisaïeul, le comte de Lamolle : regard fixe, pose farouche, front haut, la main sur le glaive ! Dans ses yeux creux s'étaient installés de charmants oiseaux, deux petits nids d'oiseaux frileux... le voilà qui sert enfin à quelque chose. *(Brusquement.)* Mais j'interromps le bal ?

LA DUCHESSE. Du tout. Vous en donnez le ton. Eh bien, Don Juan, en quoi êtes-vous grimé ?

DON JUAN. En vil séducteur.

LA DUCHESSE. C'est parfaitement réussi. Et si l'on ôte le masque ?

DON JUAN. C'est encore plus ressemblant derrière. On dirait un vrai.

LA DUCHESSE. Merveilleux. Quelle conscience ! Quel soin dans la grimace ! Nous comptons sur vous pour nous tromper le plus possible.

DON JUAN. Je n'y manquerai pas. Et vous-même et ces dames, quel est votre déguisement ? Je l'identifie mal...

LA DUCHESSE. Ces dames et moi, nous avons mis le masque de vos anciennes victimes.

DON JUAN. Oh, expressément pour moi, comme c'est délicat, vous êtes la plus attentionnée des hôtesses.

LA COMTESSE. Oui, oui, Don Juan, tes victimes. N'est-ce pas que c'est ressemblant ?

DON JUAN *(à la Duchesse)*. Madame est aussi une de mes victimes ? *(Signe affirmatif de la Duchesse.)* Elle est bien virulente pour une victime...

LA COMTESSE. Alors, Don Juan, nous sommes ressemblantes ? Dis-le !

DON JUAN. Je ne sais pas. De mes victimes, pour l'heure, je n'en ai jamais vu. Vous savez, les généraux se contentent de remporter les victoires : c'est aux ambulanciers de ramasser les cadavres.

LA DUCHESSE. Mais vous reconnaissez tous ces visages ?

DON JUAN. Ces masques ? Voyons... *(Il passe auprès d'elles comme un maquignon.)* Comment cela devrait-il être, un visage de victime ? Dur, haineux, avec à la bouche le rictus amer du souvenir et la mâchoire serrée sur la vengeance... Je ne vois rien de tel sur ces faces-là. Tout au contraire...

LA DUCHESSE. Qu'y voyez-vous ?

DON JUAN. J'y vois... c'est très flatteur pour moi, j'y vois de la nostalgie au lieu de l'amertume, et, sur les joues, le rose de la pudeur plus que de la colère ; je vois des seins de femmes coquettes et frémissantes qui se mettent au balcon pour mieux voir ou pour mieux être vus, je vois... *(Brusquement à la religieuse.)* Vous êtes sûre que vous êtes aussi déguisée en victime ?

LA RELIGIEUSE. Don Juan ! Tu ne me reconnais pas ?

LA COMTESSE. Un blâme, ma sœur, vous essayez d'attirer l'attention sur vous.

LA RELIGIEUSE. Mais...

LA COMTESSE. Un blâme, vous dis-je.

LA RELIGIEUSE *(grommelle)*. Elle est jalouse parce qu'il m'a reconnue.

LA DUCHESSE. Trêve de plaisanteries, Don Juan, parlons sérieusement. Voilà bien des années que nous nous sommes... ...croisés... ...et depuis, il n'y a pas eu un jour où...

DON JUAN. Les années ont été indulgentes pour vous, Duchesse, car vous êtes aussi belle que naguère.

La Nuit de Valognes

LA DUCHESSE. Taisez-vous, sot, je sais bien que cela n'est pas vrai, quoique cela me fasse plaisir. Vous me flattez. Allons, vous non plus, vous n'avez pas changé, vous êtes toujours le même, souple, noir...

LA COMTESSE. Blâme !

LA DUCHESSE. C'est juste : il m'avait tourné la tête avec son compliment ! Voici ce qu'il arrive lorsque l'on perd l'usage de la boisson : à la première petite liqueur, on se retrouve avec les jupes retroussées. Oui, je vous reconnais bien, Don Juan, flagorneur, bouche avide, ces manières d'homme à qui tout est dû. Le diable vous a conservé pour être son ministre.

LA COMTESSE. Blâme.

LA DUCHESSE. Blâme ? Mais je ne le ménage pas...

LA COMTESSE. Blâme. Il aime qu'on l'accable. Vous flattez son orgueil de scélérat.

LA DUCHESSE. Mon Dieu, qu'il est difficile de ne pas parler en femme !

LA COMTESSE. Je saurai, moi. Laissez-moi l'interroger.

LA RELIGIEUSE. Blâme !

LA COMTESSE. Quoi ?

LA RELIGIEUSE. Blâme ! En intervenant tout le temps, elle tente de faire l'intéressante. C'est comme sœur Emmanuelle qui a toujours plus de péchés que tout le monde, c'est insupportable. De plus, vous blâmez chacune d'entre nous afin d'obtenir de tout diriger.

DON JUAN. Dites-moi, on est fin psychologue dans les couvents... Sans doute parce qu'on y pratique le vice à portes fermées.

LA DUCHESSE. Don Juan, je vais vous rafraîchir la mémoire. Vous ne reconnaissez personne ici ?

DON JUAN *(regardant Madame Cassin).* Je reconnais la beauté sur quelques visages.

LA COMTESSE. Tu ne me reconnais pas, traître ?

DON JUAN. Non, madame.

LA RELIGIEUSE. Ni moi ?

DON JUAN. Non, madame.

MADAME CASSIN. Ni moi ?

DON JUAN. Non.

LA DUCHESSE. Singulière amnésie. C'est sans doute cela, l'irresponsabilité.

LA COMTESSE. Tu ne peux avoir oublié...

LA RELIGIEUSE. Ces heures-là sont uniques dans une vie...

MADAME CASSIN. Je revois tout...

Les trois femmes vont raconter de façon fluide le même récit, comme dans un rêve, les yeux perdus dans le passé. Cela a quelque chose de liturgique.

La Nuit de Valognes

La lumière change.

LA COMTESSE. Mon père donnait une réception, un de ces repas qui rendaient encore plus tristes les longs après-midi de ma jeunesse...

LA RELIGIEUSE. Tu es entré. Personne ne t'avait invité, personne ne t'attendait, mais tu es apparu. Tu as salué, tu as souri, à qui ?...

MADAME CASSIN. Mon père a dit : « Joignez-vous à nous, Don Juan, il ne sera pas dit que nous ayons négligé un hôte tel que vous... »

LA COMTESSE. Tu étais comme aujourd'hui, différent, élégant, cynique, un diamant noir. Je regardais ailleurs mais je ne voyais que toi...

LA RELIGIEUSE. Et toi, tu faisais semblant de ne pas me voir. Je dis bien *semblant* car on ne voyait que cela, que tu m'évitais. Et chaque fois que ton regard m'esquivait, je me trouvais plus belle...

MADAME CASSIN. Autour de la table, il y avait mon fiancé. Je l'ai regardé, et, pour la première fois, je l'ai vu : il m'a paru épais. Tout, sa façon de manger, ses mains, ses grosses articulations, tout révélait le paysan promu...

LA COMTESSE. C'est à ce moment-là, alors même que le désespoir me pinçait le cœur, lorsque j'allais m'apitoyer sur moi-même, c'est à ce moment-là que tu m'as regardée...

LA RELIGIEUSE. Qu'avaient-ils, tes yeux ? Tes yeux ont brûlé ma gorge, ont déchiré ma robe, je devenais une femme. Je ne sais comment personne ne le remarqua mais l'air s'était figé autour de nous, les visages s'effaçaient un à un et nous restions seuls vivants au monde...

MADAME CASSIN. A la fin du repas, tu t'es levé. Tu as fait mine d'engager quelques conversations, de distribuer quelques compliments, mais c'était pour mieux t'approcher de moi et lorsque tu fus tout près, que nous manquions de tomber l'un contre l'autre, tu m'as glissé le billet...

LA COMTESSE. Je ne sais ce qui m'a le plus troublée, ton billet ou le contact de nos mains. En tout cas, nous avions un secret, nous étions déjà complices. Je me suis retirée pour lire ton mot...

LA RELIGIEUSE. Il était bref, impétueux comme ton désir. « Soyez ce soir à dix heures devant les bosquets bleus, ou demain je ne serai plus de ce monde... »

MADAME CASSIN. Un rendez-vous...

LA COMTESSE. ...interdit...

LA RELIGIEUSE. ...au clair de lune...

MADAME CASSIN. Bien sûr, j'ai immédiatement pensé que je n'irais pas...

LA COMTESSE. Ma tête disait non...

La Nuit de Valognes

LA RELIGIEUSE. Mais mon cœur disait oui...

MADAME CASSIN. Alors il a fallu attendre. Oh ! les heures interminables qui me séparaient de l'instant où je n'irais pas te rejoindre.

LA COMTESSE. Là tu me fis la cour. *Les plus beaux yeux...*

LA RELIGIEUSE. *La plus belle bouche...*

MADAME CASSIN. *Les plus petites mains...*

LA COMTESSE. Je te laissais faire, j'écoutais, les narines dilatées, j'aspirais tes compliments. Mais quand tu te fis plus pressant, je refusai. Tu insistas. Je sentais ton désir d'homme, mais l'on m'avait appris à dire non...

LA RELIGIEUSE. Alors je me suis enfuie, je crois. C'était devenu le seul moyen de te résister. Je courus m'enfermer dans ma chambre. Et je fondis en larmes derrière la porte...

MADAME CASSIN. Il se passa de longues minutes. Puis j'entendis un faible grattement...

LA COMTESSE. *Qui est-ce ?*

LA RELIGIEUSE. *C'est votre fiancé.*

MADAME CASSIN. Que se passa-t-il en moi ? J'aurais dû reconnaître ta voix – je l'ai reconnue –, j'aurais dû reconnaître le stratagème – je l'ai reconnu –, et cependant, j'ai ouvert...

La Nuit de Valognes

LA COMTESSE. *Éteignez les bougies, ma douce amie, je ne voudrais pas choquer votre pudeur...*

LA RELIGIEUSE. ...as-tu encore ajouté avant d'entrer...

MADAME CASSIN. Et je l'ai fait. *(Un temps.)* Alors...

LA COMTESSE *(un temps)*. Alors...

LA RELIGIEUSE *(un temps)*. Alors... Tu m'as embrassée, tu m'as pressée contre toi, je ne pouvais plus reprendre haleine, nous nous sommes jetés sur le lit... Nous...

Elle ne peut pas le dire mais elle y pense, avec un plaisir horrifié.

MADAME CASSIN. Nous...

Idem.

LA COMTESSE. Nous...

Elles restent toutes trois immobilisées, figées dans la même pensée.

LA DUCHESSE. Cela devait être fort monotone.

La réplique de la Duchesse les ramène au réel. L'éclairage redevient normal.

LA DUCHESSE *(à Don Juan)*. Je vous croyais plus d'imagination.

La Nuit de Valognes

DON JUAN. Pourquoi voudriez-vous que le loup change quand les agneaux restent les mêmes ?

MADEMOISELLE DE LA TRINGLE *(n'y tenant plus)*. Les yeux qui brûlent, les secrets, les faux refus, les clairs de lune ! Quelles fadaises !

LA RELIGIEUSE. Les mêmes que dans vos romans, Mademoiselle de la Tringle, exactement les mêmes. Et c'est pour elles que j'aime tant les lire.

MADEMOISELLE DE LA TRINGLE. Mais ne voyez-vous pas qu'il vous manœuvre ? Plus vous vous torturez, plus il triomphe. Cessez, mais cessez donc, il ne nous reconnaîtra pas.

DON JUAN *(calme)*. C'est faux.

MADEMOISELLE DE LA TRINGLE *(troublée)*. Quoi ?

DON JUAN *(très calme)*. C'est faux. Vous, je vous reconnais.

MADEMOISELLE DE LA TRINGLE *(de manière compulsive)*. Impossible, c'est impossible, de toute façon, vous avez tout oublié. Vous l'avez dit vous-même. Vous en avez tellement eu, de femmes, comment pourriez-vous vous souvenir de celle-ci plutôt que de celle-là ? *(Presque hystérique.)* Personne ne se souvient de mon malheur, il n'est qu'à moi, le passé a été rendu au néant.

DON JUAN *(récitant, comme avec nostalgie)*. C'était une source d'eau claire, à l'ombre fraîche des bosquets. Il y avait là une jeune fille qui chantait, entourée de jeunes garçons du voisinage. Ils étaient attirés par elle comme les cigognes le sont par les pays chauds. Mais elle, elle ne les voyait pas, elle attendait son prince avec une foi d'enfant, ainsi qu'on le voit dans les livres dont, déjà, elle abusait. Pourtant deux ou trois de ces garçons-là, à ses pieds, auraient volontiers donné leur vie pour l'amour de la belle, mais ils étaient trop prosaïques. Rendez-vous compte : un nez avec des narines, des mains avec des doigts, des jambes avec des pieds, ils mangeaient, ils dormaient la nuit, ils transpiraient parfois... les drôles d'hommes ! Doit-on le dire ? Je la vis, elle me plut. Il y avait là une âme d'élite, dans un des plus jolis corps qui soient, une proie inespérée. Mille fois j'ai craint de la froisser, de la voir s'envoler, son âme était fragile comme l'aile d'un papillon.

MADEMOISELLE DE LA TRINGLE *(douloureuse).* Ce n'est pas vrai. Don Juan, je ne suis pas celle-là. Qui le croirait ? Regardez-moi. Ai-je pu être la plus belle ? La plus jolie ? Ai-je pu être gracieuse, moi qui me cogne à tous les meubles ?

DON JUAN. C'est vous, Mademoiselle de la Tringle. Écririez-vous des romans aussi stupides si vous n'aviez pas été cette jeune fille-là ?

MADEMOISELLE DE LA TRINGLE *(comiquement éplorée).* Mes romans ne sont pas stupides !

DON JUAN. Ils sont stupides, Mademoiselle de la Tringle, et prétentieux. Je n'en ai personnellement jamais lu, mais quand je vois les personnes qui les aiment, je sais qu'ils sont mauvais.

MADEMOISELLE DE LA TRINGLE *(fondant en larmes).* Je vous hais.

DON JUAN. Je me couvrais de toutes les mines de l'amant parfait, j'acceptais les foulards, les fleurs, les rubans en place des baisers que je vous demandais. Patience mon cœur, patience. C'était un siège. Et lorsque vous alliez crier famine, je portai l'assaut : je demandai votre main. Naturellement je l'obtins. Mais ce n'était pas encore ce que je voulais, ce que je voulais, c'était que vous, la vertueuse, l'éthérée, la petite fille, l'assommante précieuse, vous me donniez votre corps *avant* le mariage ! Et je l'eus.

MADEMOISELLE DE LA TRINGLE. Alors, vous aussi, vous vous en souvenez. Oh Don Juan !... *(Elle pleure d'émotion.)* Vous vous rappelez tout. Revoyez-vous mon petit chien Cabon, la pauvre bête, au pied de notre lit, qui avait...

DON JUAN. Non, pas du tout.

MADEMOISELLE DE LA TRINGLE. Mais si, il avait...

DON JUAN. N'insistez pas, sinon vous allez découvrir la vérité.

MADEMOISELLE DE LA TRINGLE. Quelle vérité ? Que dites-vous ?

DON JUAN. Allons, allons, vous allez être malheureuse !

MADEMOISELLE DE LA TRINGLE. Quelle vérité ? Que dites-vous ?

DON JUAN. Que je viens d'inventer cette fable à partir de votre physionomie, de vos lunettes et de vos airs revêches, et que je n'ai aucun souvenir de vous. Mais je devine les âmes d'après les figures. Aurais-je touché juste par hasard ?

Mademoiselle de la Tringle fond en larmes.

LA DUCHESSE. Vous êtes ignoble.

DON JUAN. Merci.

LA COMTESSE. Effectivement, Don Juan, vous êtes très fort. Vous servez scrupuleusement à chacune d'entre nous ce qu'elle ne veut pas entendre, car vous savez que la haine est un ciment plus fort que l'amour. Mais vous êtes démasqué, Don Juan, nous déjouerons vos ruses. Parlez Duchesse.

LA DUCHESSE. Voici, Don Juan, cette soirée n'est pas un bal, quoique, visiblement, vous vous y amusiez beaucoup : c'est un procès.

DON JUAN *(amusé)*. Un procès ? Et le procès de qui ?

La Nuit de Valognes

LA DUCHESSE. Le vôtre.

DON JUAN *(riant)*. Et le jury ? le procureur ?

LA DUCHESSE. Nous-mêmes.

DON JUAN *(bouffonnant)*. C'est pour cela, sans doute, que vous êtes en robe. Mais les jupons sont de trop. Et le plaignant, la victime ?

LA DUCHESSE. Les victimes sont trop nombreuses, et même serrées, elles ne tiendraient pas dans cette modeste demeure. Nous avons été forcées de choisir.

DON JUAN *(lui baisant galamment la main)*. Madame la Duchesse, vous êtes délicieuse, personne ne sait recevoir comme vous, et je vous remercie de tout cœur.

LA DUCHESSE. Le procès aura lieu cette nuit.

DON JUAN. Exécution à l'aube ?

LA DUCHESSE. L'exécution durera plus longtemps que vous ne le croyez.

DON JUAN. Un supplice ?... J'adore.

LA COMTESSE. Crois-moi, dans quelques heures, tu riras moins.

DON JUAN *(à la Duchesse)*. Et comme c'est gentil d'avoir fait venir spécialement des personnes si pittoresques. Comment faites-vous pour avoir d'aussi bonnes idées ?

La Nuit de Valognes

LA RELIGIEUSE. Misérable, le paon de la Duchesse est en train de mourir !

DON JUAN. Hi hi, celle-ci surtout est impayable. Vous avez eu raison de la déterrer.

LA DUCHESSE. Riez tout votre soûl, Don Juan, vous ne me ferez pas changer d'avis. *(Elle modifie brusquement son débit.)* La famille de Chiffreville, cela vous dit quelque chose ? j'ai dit : Chiffreville. *(Don Juan cesse immédiatement de rire.)* Oh, il ne rit plus. *(Il pâlit.)* Il pâlit. *(Il s'assied fébrilement.)* Il s'assied fébrilement. *(Il passe nerveusement sa main tremblante sur son front.)* Il passe nerveusement sa main tremblante sur son front. Quel excellent comédien ! Nous apprécions la performance, ces dames et moi, mais n'en faites pas trop, c'est inutile. La petite Angélique est là, au-dessus de nous. Depuis que vous l'avez séduite puis abandonnée après avoir tué son frère en duel – oui, je sais le duel fut loyal et son frère a demandé, avant de mourir, qu'elle vous pardonne. Elle est malade, Don Juan, gravement malade, d'une maladie qui n'a pas de nom pour les médecins mais que nous, femmes, savons bien reconnaître : le désespoir d'amour. Vous allez l'épouser.

LA COMTESSE. Et vous lui serez fidèle.

MADEMOISELLE DE LA TRINGLE. Et vous ne la quitterez pas.

LA RELIGIEUSE. Et vous lui ferez des enfants.

La Nuit de Valognes

MADAME CASSIN *(lumineuse et triste).* Et vous la rendrez heureuse.

LA DUCHESSE. Sinon... sinon cette lettre de cachet fera son office. J'y inscrirai votre nom. Don Juan, vous aurez toute la police du royaume à vos trousses – vous savez qu'elle est bien faite –, et vous pourrez paisiblement finir vos jours à la Bastille.

LA COMTESSE. C'est le mariage ou la prison, ne balancez point.

MADEMOISELLE DE LA TRINGLE. Je doute qu'en ce donjon vous puissiez faire du charme à votre geôlier.

LA COMTESSE. A quelque souris peut-être, il paraît qu'il y en a.

MADEMOISELLE DE LA TRINGLE. Mais non, il n'y a que des rats !

LA COMTESSE. Ou de la vermine !

MADEMOISELLE DE LA TRINGLE. En tout cas, le jupon vous manquera.

LA RELIGIEUSE. Et le soleil.

MADAME CASSIN. Et la liberté.

LA RELIGIEUSE *(triomphante et chipie).* Il ne vous restera que Dieu !

MADEMOISELLE DE LA TRINGLE. Vous lui demanderez votre pardon...

LA COMTESSE. ...mais comme vous n'y croyez pas, Dieu va sûrement s'ennuyer.

LA DUCHESSE. Mesdames, voyons. *(A Don Juan.)* Il y aura donc ce procès et vous épouserez la petite.

DON JUAN *(sortant de son silence).* J'accepte.

LA DUCHESSE. Pardon ?

DON JUAN. J'accepte. Je ferai ce que vous dites.

MADEMOISELLE DE LA TRINGLE. Vous l'épouserez ?

DON JUAN. Oui.

MADAME CASSIN. Vous ne vous enfuirez pas ?

DON JUAN. Non.

LA RELIGIEUSE. Mais...

DON JUAN. Tout. J'accepte tout. *(Il semble lutter contre une émotion. Il tente de banaliser la situation.)* Mais je ne vois pas les rafraîchissements.

LA DUCHESSE *(par réflexe).* Marion ! Le champagne.

DON JUAN *(saisit une coupe et l'adresse élégamment à la Duchesse).* Le verre du condamné.

Son sourire se casse.
Puis il se retire au fond de la scène pour boire, songeur.

La Nuit de Valognes

Les femmes se précipitent au premier plan, autour de la Duchesse, et forment un quintette rapide, chuchotant avec étonnement.

LA RELIGIEUSE. Il consent !...

MADAME CASSIN. Sans discuter !...

LA RELIGIEUSE. C'est... c'est...

MADEMOISELLE DE LA TRINGLE. Incroyable.

LA DUCHESSE *(sombre).* Oui, incroyable.

Un temps.

LA COMTESSE *(sortant de son silence).* Duchesse ?

Les femmes la regardent, pleines d'espoir.

LA DUCHESSE. Oui ?

LA COMTESSE. Il ne serait pas réellement amoureux de cette petite ?

LA DUCHESSE *(riant, puis pensive).* Non.

MADEMOISELLE DE LA TRINGLE *(idem).* Non.

LA RELIGIEUSE *(idem).* Non.

MADAME CASSIN *(idem).* Non.

Silence. On voit que l'idée fait son chemin.

LA COMTESSE. A quoi ressemble-t-elle ? *(La Duchesse hausse les épaules.)* Au physique ?

LA DUCHESSE *(comme ennuyée).* Ravissante. Blonde, le teint frais, de grands cheveux.

La Nuit de Valognes

LA COMTESSE. Au moral ?

LA DUCHESSE. Ravissante aussi. L'âme pure, le cœur bon, une grande intelligence.

LA COMTESSE. Son éducation ?

LA DUCHESSE. Parfaite. Des usages, de la réserve, de la grâce.

LA COMTESSE. Et la fortune ?

LA DUCHESSE. Plus qu'il n'en faut.

LA COMTESSE *(rassurée).* Elle est donc totalement insignifiante.

LA DUCHESSE. Insignifiante, totalement. *(Elles sont toutes rassurées.)* Vous voyez, ce n'est pas cela...

Pendant qu'elles chuchotent au premier plan, Don Juan a griffonné un petit mot sur un papier. Il fait signe à Marion de s'approcher. Les femmes ne le voient pas.

LA DUCHESSE. Certes... *(Inquiétude générale.)* Certes... elle a vingt ans.

MADEMOISELLE DE LA TRINGLE. Et alors !

LA COMTESSE. Ce n'est pas la première !

MADAME CASSIN. Ni la dernière !

LA RELIGIEUSE. Il y en a d'autres !

LA DUCHESSE. Non, vous avez raison, ce n'est pas cela.

La Nuit de Valognes

LA COMTESSE. Alors c'est une ruse ! Une ruse de plus ! Il est le prince de la fausse promesse.

LA DUCHESSE. Non. C'est trop grossier. Trop simple. De plus il connaît la police de Normandie : il ne peut pas s'échapper. *(Sinistre.)* Mesdames, il faut nous y résoudre : nous allons bel et bien gagner. *(Aucune d'elles ne semble vraiment s'en réjouir. Se retournant.)* Don Juan ?

Juste avant que les femmes ne se retournent, Don Juan a donné sa lettre à Marion, en lui glissant un mot à l'oreille.

Marion cache prestement le billet dans son corsage.

LA DUCHESSE. Nous allons passer à côté, voulez-vous, pour ouvrir l'instruction.

DON JUAN *(trop aimable)*. Je vous précède ou je vous suis ?

LA COMTESSE. Vous nous agacez, surtout.

Don Juan passe devant, les femmes le suivent.

SCÈNE 7

Les femmes et Don Juan viennent de passer dans la salle voisine mais la Duchesse a une pensée qui la retient.

Elle reste pensive un instant puis appelle Marion.

La Nuit de Valognes

LA DUCHESSE. Marion.

MARION. Madame ?

LA DUCHESSE. Réponds-moi sans crainte, ma fille, je veux la vérité. Lorsque tu as fait attendre Don Juan tout à l'heure, t'a-t-il fait du charme ? A-t-il tenté de te séduire ?

MARION. Non, Madame. Il s'est assis dans le coin le plus sombre et il a attendu paisiblement.

LA DUCHESSE. J'entends bien. Mais il n'a pas eu un mot, un geste, un regard qui...

MARION. Non, Madame.

LA DUCHESSE. Marion, mets-toi là, recule. *(Elle la regarde.)* Dis-moi, tu es jolie ?

MARION *(rougissante)*. Les filles sont si laides.

LA DUCHESSE. On a l'habitude de te faire la cour ?

MARION *(idem)*. Les hommes sont si bêtes.

LA DUCHESSE. Et lui n'a rien entrepris, rien promis ?

MARION. Non, Madame.

LA DUCHESSE. Tout cela est étrange, fort étrange... *(Elle va passer dans la salle du procès.)* Apporte-nous des liqueurs, Marion, des liqueurs russes, des liqueurs qui réveillent... La nuit va être longue.

Elle quitte la pièce.

La Nuit de Valognes

Dès qu'elle se retrouve seule, Marion sort le billet d'entre ses seins, le brandit en l'air et s'élance dans l'escalier en criant joyeusement :

MARION. Mademoiselle Angélique ! Mademoiselle Angélique !

Elle s'envole dans les marches.

Noir.

Acte II

Le même lieu quelques heures plus tard. De rares bougies.

SCÈNE 1

Sganarelle se tient dans le salon tandis que les femmes instruisent le procès à côté. Assis en tailleur sur le sol, il fume sa pipe en regardant s'élever la fumée. De temps en temps, on entend des éclats de voix passant à travers les portes. On doit sentir que Sganarelle est dans une zone de calme relatif, aux franges d'un monde dangereux.

Soudain, la Comtesse franchit violemment les portes de la salle du procès en poussant Don Juan devant elle, qui se laisse faire, plutôt amusé. La Religieuse, Mademoiselle de la Tringle et Madame Cassin poursuivent la Comtesse avec véhémence.

La Nuit de Valognes

LA COMTESSE *(passant les portes).* Mais non, je vous assure, il vaut mieux qu'il ne soit pas là.

LA RELIGIEUSE. Mais enfin pourquoi ? Nous devons l'entendre.

LA COMTESSE. L'entendre ? vous ne faites que le regarder. *(Elle se tourne vers Don Juan.)* Don Juan, je tiens à ce que nous fassions l'instruction sans vous, sinon nous n'y arriverons jamais. Dès que vous intervenez, ces dames, à qui vous avez déjà fait perdre leur vertu, perdent aussi toute objectivité.

MADAME CASSIN. Mais il a le droit de s'expliquer.

MADEMOISELLE DE LA TRINGLE. Je tiens absolument à recueillir intégralement sa déposition.

LA COMTESSE. Non, il parle trop bien, dès qu'il ouvre la bouche, il vous tient. Les femmes, c'est comme les lapins : ça s'attrape par les oreilles. *(Les poussant comme des animaux.)* Allez, allez, on rentre ! *(A Don Juan.)* Vous, attendez ici qu'on vous rappelle.

Elle les repousse dans la salle d'audience et referme les portes derrière elle, laissant Don Juan seul avec Sganarelle.

La Nuit de Valognes

SCÈNE 2

Sganarelle n'a pas réagi à cette irruption. Don Juan se laisse tomber paresseusement dans un fauteuil auprès de lui.

DON JUAN. Que fais-tu Sganarelle ?

SGANARELLE. Ma pipe rêve, Monsieur, elle envoie ses songes au plafond et y dessine, pour qui sait lire, les traces confuses de notre avenir.

DON JUAN. Eh bien ?

SGANARELLE *(à trop se concentrer sur les volutes de fumée, Sganarelle se met à loucher, et le voilà obligé de secouer violemment la tête pour remettre ses yeux en place. Sentencieux).* L'avenir est agité, Monsieur.

DON JUAN *(amusé).* En effet, il y a des courants d'air.

SGANARELLE *(il fait des mines, joue celui qui observe, qui apprend des choses d'importance).* Oh... ah... tiens !... non ?... eh...

DON JUAN *(après un temps).* Tu ne t'ennuies jamais, Sganarelle ?

SGANARELLE *(cessant brusquement).* Comment pourrais-je ? Avec la vie que vous nous faites mener ?

La Nuit de Valognes

DON JUAN. Mais lorsque tu es seul ?

SGANARELLE *(définitif)*. Je dors.

DON JUAN *(pour lui-même)*. Le sommeil... où va-t-on lorsque l'on dort et d'où revient-on chaque matin, l'œil gonflé et le cheveu tordu, plus fatigué qu'avant le repos ? Je ne sais pas ce que je hais le plus du sommeil ou de la veille... Le sommeil parce que je m'y absente... ou la veille parce que je m'y rencontre... Se retrouver perpétuellement en compagnie de soi, avec les mêmes désirs, les mêmes limites, mais sans cesser de se demander qui l'on est... Car on ne se quitte pas même si l'on s'ignore... *(Brusquement, à Sganarelle.)* Ne te demandes-tu jamais qui tu es, Sganarelle ?

SGANARELLE *(riant)*. Qui je suis ? Alors là, Monsieur, vous me faites rire... Qui je suis ? Mais je suis aux premières loges pour le savoir...

DON JUAN *(sarcastique)*. Eh bien qui es-tu ? je t'écoute.

SGANARELLE. Je suis moi, et cela me va bien, car quand je m'examine, je me trouve toutes les raisons de m'apprécier. La nature a parfois donné plus de finesse à un visage et plus d'élégance au corps, mais elle m'a donné à moi une physionomie qui inspire la confiance et un physique qui donne de l'attachement. Quant à l'intelligence, j'en sais plus qu'il n'en faut pour être valet, mais

La Nuit de Valognes

point trop pour souffrir de ma condition. Aucun des mystères de l'humanité ne m'est totalement inconnu, et cependant je ne donne pas dans l'obscur et dans l'impénétrable comme vous : lorsque ma tête a bien travaillé, je la repose, je ne la soumets pas à des exercices trop intensifs qui risqueraient de la déranger plus que de la satisfaire.

DON JUAN. En somme, tout va bien ?

SGANARELLE. On ne peut mieux.

DON JUAN. Alors, Sganarelle, je ne comprends pas. Pourquoi attaches-tu tes pas à un maître aussi mauvais, le plus grand scélérat que la terre ait porté, un enragé, un chien, un diable, un Turc, un hérétique ?

SGANARELLE. Le ciel m'a mis sur votre route pour vous donner un peu de raison.

DON JUAN. Ce sera donc le seul cadeau qu'il m'a fait.

SGANARELLE. Ce n'est pas négligeable. Une conscience droite et intègre à côté de soi, c'est utile. Mais quand, de surcroît, ce n'est pas la sienne et qu'on peut la faire taire d'un coup de pied – ainsi que vous le faites souvent, mon maître –, c'est très pratique.

DON JUAN. Conscience droite ? Tu me fais rire, Sganarelle. Tu me parais singulièrement complaisant pour le mal que je fais. Non seulement tu ne le préviens pas mais, après t'en être repu, tu le consignes sur ton carnet...

SGANARELLE. Mon carnet ? Quel carnet ? Fouillez-moi, je n'ai pas de carnet.

DON JUAN. Ne nie pas, on m'en a parlé. Car tu en donnes des lectures. En procurant un tel écho à mes exploits, tu en as fait plus pour ma réputation que moi-même. Tu me sers, Sganarelle, davantage qu'un simple valet. Le nieras-tu ?

SGANARELLE *(riant)*. Sans doute ai-je moi aussi des replis à mon âme... Vous me trouvez ravi de constater que je suis plus complexe que je ne le croyais moi-même. Voyez comme on peut être superficiel.

DON JUAN *(riant aussi)*. En fait, tu ne sais pas qui tu es, mais tu t'aimes. Voilà la vérité. Tu t'aimes, qui que tu sois.

SGANARELLE. Et où serait l'utilité d'être l'ennemi de soi-même ? Quel est le gain ?

DON JUAN *(sombre)*. Nul. Mais on ne choisit pas.

SGANARELLE. J'ai donc raison. Décidément mon maître, il fait toujours bon discuter avec vous car ce n'est pas dans les cuisines ou les écuries que je peux dégoter des partenaires à ma hauteur. Mais maintenant Monsieur, il faut que je reprenne mes exercices. Nos bavardages font fuir les anges.

La Nuit de Valognes

Il reprend ses mimiques d'oracle étonné.

DON JUAN *(qui tient visiblement à échapper à ses pensées).* Que vois-tu, Sganarelle ?

SGANARELLE. Je vois des femmes. Plein de femmes qui sont surprises. Et puis je vous vois seul. Et moi aussi. Chacun de son côté.

DON JUAN. Alors ta fumée se trompe. Elle ne sait pas que je vais me marier ? Prendre ma retraite de séducteur ?

SGANARELLE. Ma fumée n'y croit pas.

DON JUAN. Et toi ?

SGANARELLE. Oh moi !...

DON JUAN. A ton avis ?...

SGANARELLE. Je le crains.

DON JUAN. Tu l'espères ?

SGANARELLE. Je le crains.

DON JUAN. Tu ne penses pas à une ruse ?

SGANARELLE. C'est la première idée qui m'est venue, mais lorsque l'on vous connaît, on sait que la première idée n'est jamais la bonne. Vous l'épouserez.

DON JUAN. Tu devrais être content.

SGANARELLE. Sans doute.

DON JUAN. Eh bien ?

La Nuit de Valognes

SGANARELLE. Bah...

DON JUAN. Alors ?

SGANARELLE. Ça ne me vient pas. Certes, je l'ai toujours souhaité, et prévu même, je me disais *jeunesse passera, le vice se dévissera, l'impie ne peut devenir pis,* et d'autres phrases dignes d'être gravées sur une assiette... Enfin vous épousez cette petite, et je reste inquiet. Je me demande si c'est bien elle que vous épousez...

DON JUAN. Et qui d'autre ?

SGANARELLE. Voyez-vous, cela fait quelques semaines que je me demandais si vous n'alliez pas finir par épouser quelqu'une ; c'était comme un vent nuptial qui soufflait sur nous. Bon, le choix s'arrête sur elle. Mais je crois que ce n'est pas *cette* femme que vous épousez. Vous faites *un* mariage.

DON JUAN. Tu délires Sganarelle.

SGANARELLE. Je ne crois pas. Quand je délire, vous riez.

DON JUAN *(sombre)*. J'ai mes raisons de l'épouser.

SGANARELLE. Allons, Monsieur, ne jouez pas la comédie, vous savez très bien que depuis plusieurs mois, Don Juan n'est plus Don Juan.

DON JUAN. Tais-toi, tu m'ennuies.

SGANARELLE. Vous me souffrirez jusqu'au bout. Je suis là pour cela, votre conscience, puisque

Dieu a oublié de vous en donner une à votre naissance. Voyons, vous savez très bien que depuis plusieurs mois, je n'ai pas inscrit un seul nouveau nom sur mon carnet.

DON JUAN. Tiens, tu avoues son existence.

SGANARELLE. Je le peux puisqu'il n'a plus d'office. Aucun nouveau nom, vous dis-je : le libertinage a cessé, la vertu règne, Don Juan sommeille.

DON JUAN. Les femmes de France ne me plaisent guère.

SGANARELLE. Est-ce que cela vous a jamais empêché de les conquérir autrefois ? Combien en ai-je vu de laides, de poilues, d'édentées, de ces rebuts de féminité dont la vue seule aurait calmé les ardeurs d'un puceau de dix-huit ans, mais vous, rien ne vous arrêtait lorsqu'il y avait du mal à faire.

DON JUAN. Tu exagères, Sganarelle, ces derniers temps, il y a eu la petite Guérin, la Dumeslée, la Champétrie, et cette servante de l'auberge des Trois Renards qui...

SGANARELLE. Erreur, Monsieur, erreur ! Vous avez fait croire que vous les possédiez quand il n'en était rien. Je suis un historien sérieux, moi, je me renseigne. Vous n'êtes pas venu à bout de ces dames, et cela, non pas parce qu'elles vous résistèrent (au contraire, vous ne choisîtes jamais proies plus faciles) mais parce que vous vous êtes dérobé au dernier moment, oui, parfaitement, dérobé. Il y en a même une qui s'en est plainte à moi. Elles sont toutes persuadées d'être fort laides et de sentir mauvais, les pauvres créatures. C'est le monde à l'envers.

DON JUAN. Mais...

SGANARELLE. Alors je pose la question que vous aimez tant vous-même, mon maître : pourquoi ? Pourquoi fuir ? Et pourquoi faire semblant de continuer comme avant ? Pourquoi faire croire ce qui n'est plus ? Et à moi ? Don Juan donnant le change à son valet, on aura vraiment tout vu !

DON JUAN. Tais-toi ! N'entends-tu pas ce bruit ? *(Sganarelle jette un coup d'œil.)* C'est elle ? Elle a reçu mon mot ?

SGANARELLE. Oui, c'est Madame votre repos qui arrive.

DON JUAN. Disparais... Vite...

Sganarelle sort. Don Juan reste seul un instant.

SCÈNE 3

La Petite entre et reste près du seuil. Elle est pieds nus, en chemise de nuit. Don Juan demeure face au public.

La Nuit de Valognes

LA PETITE. Don Juan ?

DON JUAN. Oui.

Il va pour se retourner.

LA PETITE. Non, surtout, ne vous retournez pas ! Restez où vous êtes. Je... je suis en chemise.

DON JUAN. Cela ne me fait pas peur.

Il veut se tourner de nouveau.

LA PETITE. Non, restez où vous êtes ! Ne bougez plus. Là. Vous ne devez pas me voir. J'ai maigri. J'ai pâli.

DON JUAN *(patient, amusé)*. Combien de temps dois-je attendre ? Comptez-vous brunir et vous remplumer dans les minutes qui suivent ?

LA PETITE *(un temps)*. Don Juan ?

DON JUAN. Oui.

LA PETITE. Vous êtes Orphée, je suis Eurydice, vous êtes venu m'arracher des enfers où je me trouvais morte. Et je renais maintenant. Nous remontons vers la lumière. Laissez-moi m'habituer. Nous approchons de la surface.

DON JUAN. C'est cela, soyons superficiels, nous serons plus à l'aise. Et si je me retourne ?

LA PETITE. S'il vous plaît ! Si vous vous retournez, je mourrai une seconde fois, mais pour de bon cette fois-ci, et nous ne pourrons plus nous aimer.

La Nuit de Valognes

DON JUAN. Soit. Mais devons-nous nous aimer de dos ?

LA PETITE. Votre dos... Il est moins droit qu'avant, plus indécis... vous aussi, vous avez souffert. Comme votre dos me dit de choses !

DON JUAN. Alors, c'est que mon dos parle dans mon dos, je ne suis pas d'accord.

Il se retourne brusquement.

LA PETITE *(crie en se cachant le visage).* Je suis affreuse.

DON JUAN. Si c'était vrai, vous ne le diriez pas. *(Un court temps.)* Laissez-vous regarder... Non, vous n'êtes pas affreuse. Pas plus que la dernière fois.

LA PETITE *(simplement).* C'est gentil. *(Il se détourne d'elle. Un temps.)* Don Juan ?

DON JUAN. Oui.

LA PETITE. C'est bien vous ?

DON JUAN. Auriez-vous aussi perdu la vue ces derniers temps ? C'était donc très éprouvant, dites-moi, ce séjour aux Enfers ? *(Un temps.)* Pourtant je me ressemble. Surtout de dos.

LA PETITE. Lequel ? A quel Don Juan ai-je affaire... celui qui m'a aimée ou celui qui m'a quittée ?

DON JUAN. C'est le même. Femelles ! Femelles !... Cette mauvaise foi qui est le fumet de vos égoïsmes !... Quelqu'un vous flatte et prétend vous aimer ? Il est dans le vrai ! Il vous délaisse, il part, il ne vous aime plus ? C'est qu'il se trompe ! *(Presque menaçant.)* Il ne te viendrait pas à l'idée qu'un séducteur cherche quelque chose qu'il a définitivement obtenu une fois que tu t'es bêtement laissé séduire ? Il n'y a pas de raison de rester : la viande est morte !

LA PETITE. S'il a recommencé ailleurs, s'il erre sans cesse en se cognant de femme en femme, c'est qu'il ne trouve pas ce qu'il cherche, parce qu'il ne sait même pas qu'il le cherche.

DON JUAN. Et que chercherait-il qu'il ne trouverait donc pas ?

LA PETITE. Cette question !... L'amour, bien sûr.

DON JUAN. Voilà, le mot est prononcé, tu as tout dit : l'amour ! Pauvre fille, à soixante ans tu diras « Dieu » comme tu as dit « l'amour » à vingt, avec les mêmes yeux, avec la même foi, le même enthousiasme. C'est bien une femme qui parle.

LA PETITE *(lui tenant tête)*. Et c'est bien un homme qui raille ! Reconnaître qu'on a un cœur, un cœur insatisfait, un cœur brisé : quel déshonneur ! Comme si le fait de pisser debout était incompatible avec les sentiments !

La Nuit de Valognes

DON JUAN. C'est récent, cette conversion en donneuse de leçons ? Effet secondaire de la maladie ?

LA PETITE. La maladie, quelle maladie ?

DON JUAN. On m'aura mal renseigné ? Il paraît que vous étiez fiévreuse, agonisante...

LA PETITE. Ce n'était pas de la maladie, c'était du bon sens. Je n'avais plus aucune raison de vivre.

DON JUAN. Il fallait vous donner énergiquement la mort. C'est plus efficace que de périr à petit feu.

LA PETITE. Je ne m'intéresse pas suffisamment à moi pour me donner la mort. *(Elle se jette subitement contre lui, et l'enserre dans ses bras.)* Oh Don Juan... C'est vous, c'est bien vous... *(Elle chancelle contre lui.)* Vous êtes venu...

Don Juan la laisse faire.

DON JUAN *(la regardant comme avec tendresse).* C'est amusant...

LA PETITE. Oui ?

DON JUAN. Il y a quelque chose de viril dans vos yeux. Comme votre frère.

Pendant qu'ils se tiennent, la Duchesse passe la tête dans la pièce et les voit sans être vue d'eux. Elle traverse silencieusement le fond de la scène et disparaît.

La Nuit de Valognes

LA PETITE *(joyeuse, presque babillarde)*. Oh, Don Juan, la Duchesse m'a bien fait la leçon, mais je n'y tiens plus. Dites, est-ce vrai que nous allons nous marier ?

DON JUAN *(riant)*. Vous faites bien de m'épargner la demande en mariage. J'en ai tellement fait. De fausses.

LA PETITE. Celle-ci est donc bien vraie ?

DON JUAN. C'est une vraie.

LA PETITE. Vous ne partirez plus ?

DON JUAN *(étrangement calme)*. Je ne partirai plus.

LA PETITE. Ah Don Juan !... *(Très vite emportée.)* J'ai tout pensé quand tu n'étais pas là. Tu m'avais dit : « Je reviendrai », et je t'ai cru d'abord, puis j'ai douté, puis j'ai pensé mourir, et te tromper, et me venger, mais l'espérance revenait, bien plus violente encore que la douleur, et je recommençais à croire. Tu vois, je ne sais pas attendre, c'était cela, ma maladie. *(Le regardant.)* Je n'avais donc pas tort de penser que vous m'aimiez.

DON JUAN. Ne dites pas de sottises. Je ne vous aime pas le moins du monde. Je me marie avec vous, c'est bien assez.

LA PETITE *(reculant)*. Vous...

DON JUAN. Non.

LA PETITE. On n'épouse pas quand on n'aime pas.

La Nuit de Valognes

DON JUAN. Si.

LA PETITE. Pas Don Juan !

DON JUAN. Surtout Don Juan ! Ah, mais j'oubliais, vous êtes érudite en ma personne, vous savez mieux que moi ce que je suis, ce que je fais et ce qui doit m'arriver : c'est vous l'auteur. Allons, croyez-le donc, puisque cela vous fait plaisir : Don Juan est amoureux, voilà ! Je vais tâcher d'y croire aussi. Entre époux, il faut se faire confiance... Mais vous êtes bien pâle...

LA PETITE *(sous le choc).* Tu ne m'aimes pas.

DON JUAN. Mais si, puisque vous l'avez dit.

LA PETITE. Tu m'épouses sans m'aimer ?

DON JUAN *(dur).* Si cela était, qu'est-ce que cela changerait ?

LA PETITE. Mais si vous ne m'aimez pas, moi... Je refuse de me marier avec vous, puis je me tue.

DON JUAN *(riant).* Allons, allons, est-ce que je fais des histoires, moi ? *(Mettant son doigt sur la bouche, comme un adulte parle à un enfant.)* Je vais vous dire pourquoi il faut absolument vous marier avec moi. *(Désignant un jury invisible.)* Si vous n'acceptez pas, elles vont vous faire un procès. *(Angélique ne comprend pas.)* Si, si ! Elles sont terribles ! Le mien a lieu cette nuit. Mais la cause est entendue : je suis coupable. Et savez-vous quelle est ma

La Nuit de Valognes

peine ? C'est vous. Je m'en tire bien encore, cela pourrait être plus pénible.

LA PETITE. Un procès, une punition, qu'est-ce que vous racontez ? Ma marraine...

DON JUAN. Votre marraine, malheureuse, est une femme redoutable. Son chantage est précis : c'est vous ou la Bastille. *(Un temps, mielleux.)* Mais elle ne vous l'a pas dit ? Non ? Alors vous croyiez que... oh, pauvre petite ! Non vraiment, le procédé est scandaleux.

LA PETITE. Mais... elle m'a dit que vous m'épousiez sans discuter...

DON JUAN *(gêné)*. C'était inutile, je calcule vite.

LA PETITE. Pourquoi avoir accepté ? Pour gagner du temps avant de fuir ?

DON JUAN. Je ne fuirai pas.

LA PETITE. Pourquoi ?

DON JUAN. Qu'est-ce que cela peut vous faire ? Le résultat est là : je vous épouse. Seuls comptent les faits, non ?

LA PETITE. Pas les faits, Don Juan, les sentiments ! Pourquoi ? *(Ayant une inspiration subite, elle recule, horrifiée.)* Don Juan, j'ai compris votre jeu ! Vous avez fait mine d'accepter pour être quitte envers ces femmes, et maintenant vous tâchez de vous rendre odieux à mes yeux afin que ce soit moi qui

La Nuit de Valognes

vous refuse. Bien manœuvré : le mariage échouerait par ma faute, non par la vôtre. Bravo ! *(Elle est terrassée par la douleur.)* Pourquoi me refaire le mal que vous m'avez déjà fait ? Que cherchez-vous ?

DON JUAN. Pourquoi vous êtes-vous mis en tête que je cherchais quelque chose ? Je ne cherche rien, je prends, je cueille les pommes sur l'arbre et je les croque. Et puis je recommence parce que j'ai faim. Vous appelez ça une quête ? Je dois avoir trop d'appétit pour vous : ma bouche a voulu goûter tous les fruits, toutes les bouches, et diverses, et variées, des dodues, des humides, des tendres, des fermées, des ouvertes, la bouche étroite de la prude, les lèvres rentrées de la sensuelle, la lippe épatée de l'adolescente, j'ai tout voulu. Les hommes m'envient, petite, parce que je fais ce qu'ils n'osent pas faire, et les femmes m'en veulent de ce que je leur donne du plaisir à toutes. A toutes !

LA PETITE. Sornettes ! Les hommes vous haïssent parce que vous volez leurs épouses ou leurs sœurs, et les femmes parce que vous les abandonnez après leur avoir fait les plus douces promesses. Ni un saint, ni un héros, Don Juan, ne vous leurrez pas, mais un escroc, un petit escroc de l'amour.

DON JUAN. Sornettes à votre tour ! Vous avez tous peur du plaisir, mais vous avez raison d'avoir peur : les forts seulement peuvent se l'autoriser. Imaginez ce qui se passerait si l'on disait au monde entier : « Posez vos pioches et vos aiguilles ! Notre monnaie c'est le plaisir ; prenez-le, ici, et sans vergogne, ici, maintenant, et encore et encore ! » Que se passerait-il ? Plus personne pour travailler, pour suer, pour se battre. Des hommes inactifs, vaquant à leurs seuls plaisirs. Plus d'enfants légitimes ou illégitimes, mais une joyeuse marmaille avec trente-six mères et cent vingt pères ! Plus de propriété, plus d'héritage, plus de transmission des biens ou des privilèges par le sang, car le sang désormais est brouillé, il coule partout, et le sperme aussi. La vie comme un joyeux bordel, mais sans clients, sans maquerelles, avec rien que des filles ! Vous imaginez la pagaille ? Et l'industrie ? Et le commerce ? Et la famille ? Et les fortunes ? Il n'y aurait plus de pauvres, car la richesse ne serait plus d'argent, mais de plaisir, et tout homme est suffisamment bien doté pour connaître le plaisir. *(Concluant.)* Alors, petite, ne me sers pas ces discours que j'ai entendus cent mille fois, ces histoires de quête, de recherche... On ne cherche que si l'on n'a pas trouvé ! C'est le frustré qui cherche, l'heureux s'arrête. Et moi j'obtiens constamment ce que je veux des autres : mon plaisir !

La Nuit de Valognes

LA PETITE. Les êtres humains ne sont pas des pommes que l'on cueille sur la branche. Quand on les croque, ça leur fait mal. Si vous étiez fidèle...

DON JUAN. Fidèle ! La liberté dans une petite cage : on appelle cela la fidélité.

LA PETITE. Votre liberté ! Votre droit de trahir, oui !

DON JUAN. Trahison ! trahison ! Vous avez toutes cette écume à la bouche. Mais c'est vous, femmes, qui vous montrez les plus fausses. Il faut que l'on vous jure des engagements éternels pour que vous nous rendiez cinq minutes de plaisir. Or ce n'est qu'un code, tout le monde le sait : des paroles pour quelques actes. Il n'y a pas de traîtrise, il y a marché : le traître, c'est celui qui fait semblant de l'ignorer.

LA PETITE *(exaspérée).* Vous souillez tout, Don Juan, les femmes, les mots ! Vous n'êtes bon que pour le mal.

DON JUAN. Pourquoi m'aimez-vous donc ? Vous auriez pu mieux choisir, vous qui êtes si « *bonne* », si « *gentille* »...

LA PETITE *(butée et mauvaise subitement).* Je ne suis ni bonne ni gentille. Et je ne l'ai jamais été.

DON JUAN *(amusé).* Allons, petite, tu n'es qu'une enfant.

La Nuit de Valognes

LA PETITE *(l'affrontant).* Justement, vous devez savoir quel est le caractère dominant des enfants. L'égoïsme. *(Avec hargne.)* Et si, moi aussi, j'étais comme vous ? Et si, moi aussi, j'aimais la conquête ? Croyez-vous qu'il n'y a que les hommes pour collectionner les lauriers ? Imaginez, Don Juan, y a-t-il plus bel exploit que d'être celle qui vous retient ? Oh certes, je pourrais, comme vous, m'épuiser à courir les hommes pour tous les posséder, mais c'est vain, je préfère une belle prise à une poignée de petits goujons. Rendez-vous compte : Don Juan, l'homme qui abandonne toutes les femmes, et je le retiendrais, moi ! Vous serez mon triomphe, Don Juan, mon porte-enseigne. On dira partout : « C'est celle qui a rendu Don Juan à l'état de mari ! » Quelle publicité ! *(Ravie.)* On me détestera, car il n'y a pas de vrai succès sans haine.

DON JUAN *(ricanant).* Et vos épées, pour me vaincre, auront été les larmes, la maladie, les gémissements, l'attente ?

LA PETITE. Chacun ses armes, chacun son plan, moi j'ai ma stratégie ! Voulez-vous que je fasse sonner les clairons et tonner le canon ? Je ne vais pas prendre les armes des hommes si je veux gagner en femme. Vous connaissez mal ma marraine lorsque vous la décrivez forte, redoutable... C'est une vieille dame aimable, et sentimentale, et qui a effectivement une qualité précieuse : croire aisément que des idées qui lui ont été soufflées par d'autres viennent d'elle. Elle est – comment dit-on ? – influençable et énergique, telle est ma marraine.

DON JUAN. Qu'est-ce que vous racontez ?

LA PETITE. Je raconte, Don Juan, qu'il m'a été facile, simulant la maladie et le délire, de lui glisser dans la tête quelques idées de vengeance, qu'elle a su parfaitement mettre au point et réaliser, rendons-lui ce mérite. Mais un grand chef n'est-il pas d'abord celui qui sait être obéi ? *(Très sèchement.)* D'ailleurs, vous avez tort de railler ma tactique, elle est efficace : vous m'épousez. *(Un temps, insistante.)* Car vous m'épousez, c'est bien cela ?

DON JUAN *(troublé)*. Oui.

LA PETITE *(dure)*. Voyez, je vous ai fait officiellement ma demande, tout est dans l'ordre.

DON JUAN. Tu essaies de te faire plus forte que tu n'es.

LA PETITE. Oh, je vous vois venir avec votre gros orgueil d'homme. « Les femmes sont faibles. » Erreur, Don Juan, la faiblesse est justement la plus puissante de leurs ressources. C'est une arme invisible qu'aucun homme ne suspecte. Vous êtes tellement grossiers.

DON JUAN. Tu expliques trop : c'est que tu mens.

La Nuit de Valognes

LA PETITE. Tu m'épouses, Don Juan ! Et moi, qu'est-ce que je fais après ? Je pars au petit matin en te laissant un mot : « Merci, j'ai mieux à faire ailleurs. » Et tu me retrouves l'après-midi même dans les bras d'un palefrenier. Tromper Don Juan après l'avoir abaissé au rang de mari, est-ce que cela ne serait pas une seconde victoire ?

DON JUAN. Cela serait une victoire si ta conduite me faisait souffrir. Mais tes coucheries ou tes départs ne me feront aucun effet. Tu resteras libre.

LA PETITE *(déconcertée)*. Quoi ?

DON JUAN. Faisons un pacte, veux-tu, en plus du contrat de mariage où je doute qu'un tel article soit mentionné : tu auras le droit de coucher avec qui tu veux, cela ne me regarde pas, je ne te dirai jamais rien.

LA PETITE *(ricanant)*. Je vois. Vous voulez m'extorquer la même promesse en échange.

DON JUAN. Pas du tout. Moi, de mon côté, je m'engage à ne jamais coucher avec une autre femme que toi.

LA PETITE. Absurde ! Vous ne serez pas jaloux ?

DON JUAN. Ce n'est pas dans mon caractère.

LA PETITE. Vous serez déshonoré. Toute l'Europe le saura !

DON JUAN. Si je croyais encore à l'honneur, je ne le placerais pas dans la culotte d'une femme.

La Nuit de Valognes

(Léger temps. Il regarde la petite qui semble subitement défaite.) Mais quoi ? Vous déchantez ? En étant un mari complaisant, je vous ôte votre réussite ? Je suis désolé : je ne partirai pas ; je ne vous tromperai pas ; je ne laisserai prise à aucun ragot. Tout le monde va croire que nous faisons un mariage d'amour.

LA PETITE *(désespérée, cessant de jouer)*. Je vous hais ! Je vous hais !

DON JUAN *(narquois)*. Allons, allons, général, j'ai peur que vous n'ayez plus d'ambition que de moyens.

LA PETITE *(pleurant, à bout de résistance)*. Oh, Don Juan, pourquoi ? Pourquoi me promettre mariage et fidélité sans m'aimer ? Pourquoi ?

DON JUAN *(mélancolique)*. Disons que c'est pour faire une fin. Le plaisir me lasse, la conquête aussi. Je n'ai connu que le plaisir. Peut-être que le bonheur est bon, lui aussi. La douceur d'un fruit qui pourrit lentement...

LA PETITE *(hurlant, au plus profond de la douleur)*. Alors partez !

Elle se met à sangloter.

DON JUAN *(brusquement ému)*. Ne pleure pas.

LA PETITE *(courageuse et pitoyable)*. Laissez, je n'ai pas de chagrin, ce n'est pas mon âme qui pleure, ce sont mes yeux... seulement mes yeux...

La Nuit de Valognes

DON JUAN *(la regardant étrangement).* Vous m'aimez donc.

LA PETITE. Oui, Don Juan, je vous aime, et je le regrette aujourd'hui, et je l'ai regretté maintes fois, parce que cet amour me rend malheureuse et qu'il ne cesse pas pour autant.

DON JUAN. Mais pourtant...

LA PETITE. Est-ce que vous avez, vous, le pouvoir de m'aimer alors que vous ne m'aimez pas ? Eh bien moi, je n'ai pas celui de ne plus vous aimer. Cela ne se commande pas. *(Un temps.)* Mon espoir...

DON JUAN. Oui ?

LA PETITE. Mon espoir... je pensais que vous m'aimiez sans vous en rendre compte... que vous ne consentiez pas...

DON JUAN *(gentiment).* Expliquez-moi.

LA PETITE *(que cela rend un peu heureuse de parler).* Voyez-vous, j'ai tout de suite reconnu votre caractère, Don Juan, vous êtes celui qui fait le mal par peur d'en recevoir. Pour vous, aimer, ce serait toujours trop aimer... Alors je pensais que vous aviez peut-être peur de moi.

DON JUAN *(gentiment).* Peur d'une petite fille ?

LA PETITE. Vous m'appelez « petite fille » mais j'en sais bien plus long que vous sur le cœur humain. Dans mon malheur, j'ai pris de l'avance.

DON JUAN. Ton cœur n'a pas connu ce qu'a connu le mien.

LA PETITE. Votre cœur ? Il est muselé depuis si longtemps. Si l'on défaisait les lanières, il ne parlerait pas, il hurlerait de douleur.

DON JUAN. Alors mieux vaut peut-être le laisser ainsi.

LA PETITE. Les sangles lui entrent dans les chairs, il saigne quand même. C'est une longue agonie, Don Juan.

DON JUAN *(étrangement sincère).* Je le sais.

LA PETITE. Moi, j'ai les doigts fins et le toucher délicat, je saurai le délivrer. *(Comme une enfant.)* Mais il faudrait me faire croire un peu que vous m'aimez, sinon je ne ferai rien.

DON JUAN. Voyons petite, comment pourrais-je savoir que je t'aime lorsque j'ignore ce qu'est l'amour ?

LA PETITE. L'amour, il n'est pas besoin de le connaître pour le reconnaître. *(Subitement lumineuse.)* Avez-vous déjà vu des poissons ?

DON JUAN. Oui.

LA PETITE. Et des oiseaux ?

DON JUAN. Oui.

LA PETITE. Celui que vous aimez vous apparaît comme un poisson dans l'eau ou un oiseau dans

La Nuit de Valognes

l'air. Il a passé un pacte avec la terre : il ne se déplace pas, il glisse ; il ne se couche pas, il s'allonge. C'est un ondin sur la terre même.

DON JUAN. Et puis ?

LA PETITE. Il a passé un autre contrat, plus important celui-là, avec tout l'univers. Ils se sont entendus pour que l'univers lui montre toujours ce qu'il y a de plus beau ; et que lui, de son côté, sache en faire admirer la splendeur. Quand vous êtes auprès de lui, vous en profitez, c'est une fête perpétuelle : le soleil n'est jamais trop chaud, la pluie jamais trop froide, les jardins sentent toujours bon, les bancs de pierre sont doux. La nature l'aime et le câline.

DON JUAN. Et puis ?

LA PETITE. Il n'a pas un visage comme les autres. Là aussi il y a un mystère. Les figures que l'on n'aime pas, Don Juan, on sait en quoi elles sont faites, on voit l'architecture d'os et de cartilages qui sous-tend le poil et la peau, il y a des plis, des rougeurs, des tombées flasques, des comédons vainqueurs, c'est assez répugnant. Mais le sien n'est pas de cette eau-là, il n'est d'aucune matière, jamais il n'est rendu à la chair ou à la terre, il doit être fait en rêve.

DON JUAN. Et puis ?

La Nuit de Valognes

LA PETITE. Vous vous sentez toujours malade, laid, fatigué avant de le voir, et plein de vie dès qu'il est là. C'est un matin.

DON JUAN. Et puis ?

LA PETITE. Toutes les horloges se détraquent : elles traînent quand on l'attend et courent quand il est là.

DON JUAN. Et puis ?

LA PETITE. Vous vivez tout en double. Une fois pour vous, une fois pour lui, pour le lui raconter. Vous devenez poète.

DON JUAN. Et puis ?

LA PETITE. Vous n'êtes plus seul, désormais. Quelque chose vous attache à la vie, comme le cordon qui vous liait à votre mère avant ce monde. Il n'y aura plus d'indépendance. Vous êtes esclave. Vous ne vous appartenez plus. Mais ces chaînes vous libèrent.

DON JUAN. Et puis ?

LA PETITE. Les questions cessent.

DON JUAN. Et puis ?

LA PETITE. Et puis, il n'y a plus de « et puis », justement. Plus d'espoir, plus de nostalgie, tout est en ordre. Il est là. C'est une foi.

DON JUAN. C'est comme croire en Dieu, en quelque sorte ?

La Nuit de Valognes

LA PETITE. C'est croire en Dieu. Car c'est cela que j'appelle Dieu. Un monde gorgé de sens et de chaleur.

DON JUAN. Vous êtes un bon professeur.

LA PETITE *(timide)*. Tout mon savoir me vient de vous. *(Un temps.)* Avez-vous déjà senti cela, Don Juan ?

DON JUAN *(grave)*. Oui. *(Elle va pour se jeter dans ses bras.)* Si tu me touches, je ne dirai plus rien.

LA PETITE. Vous avez senti cela pour une autre que moi ?

DON JUAN. Quelle question, petite... C'était ta vraie ressemblance.

LA PETITE. En ce pays ?

DON JUAN. En ce pays.

LA PETITE. Sur cette terre ?

DON JUAN *(levant curieusement les yeux au ciel)*. Sur cette terre.

LA PETITE. Il y a quelques mois de cela ?

DON JUAN. Il y a quelques mois de cela.

LA PETITE. Combien ?

DON JUAN. Cinq mois et vingt-huit jours.

LA PETITE. Nous nous connaissons depuis cinq mois et vingt-huit jours.

La Nuit de Valognes

DON JUAN *(tristement)*. Ah, toi aussi, tu as compté ?

LA PETITE *(heureuse)*. Moi aussi !

DON JUAN. Pauvre petite.

LA PETITE. Oh, je ne suis plus à plaindre, désormais. Dieu m'a exaucée. Le ciel s'ouvre. *(Elle s'approche de lui. Il ne veut pas.)* Vous me repoussez ?

DON JUAN *(reculant)*. Je suis malheureux, Angélique.

LA PETITE. Je comprends, Don Juan, je sais ce que c'est.

Don Juan est sorti.
Mais Angélique ne s'en est pas rendu compte. Elle continue à lui parler, pensant qu'il est derrière elle et ne se retournant pas pour respecter sa pudeur.

LA PETITE. Vous verrez, mon amour, au début, le bonheur est aussi fort qu'une douleur, cela déchire tellement qu'on souffre... C'est un coup mortel pour l'orgueil de se savoir autant lié à l'autre... Il faut consentir à aimer. Bonsoir, Don Juan. Je vais rêver de vous.

Elle sort délicatement, croyant le laisser seul avec sa peine.

La Nuit de Valognes

SCÈNE 4

La scène reste vide un instant puis l'on entend frapper des coups contre un mur. Silence. Les coups reprennent. Marion apparaît et court, légère, jusqu'à la bibliothèque. Elle actionne un flambeau accroché au mur et la bibliothèque s'écarte pour laisser place à un passage secret, obscur, qu'occupe la Duchesse.

LA DUCHESSE *(descendant, elle frappe violemment ses mains)*. Ça y est, je la tiens, Marion, je la tiens.

MARION. Qui cela ? Mademoiselle Angélique ?

LA DUCHESSE. Mais non, l'araignée ! Celle qui m'a prise pour un mur pendant tout le temps où j'étais cachée. D'abord, nous nous sommes regardées longuement, puis, après m'avoir parcourue de haut en bas, pour faire connaissance, elle s'est mis en tête de m'utiliser pour construire une toile entre le mur et moi ! Et je ne pouvais pas bouger un bras, ni crier...

MARION. Pauvre Madame, elle qui a si peur des araignées.

LA DUCHESSE. Je n'en ai plus peur, Marion, plus du tout. Les araignées, c'est comme le peuple, on s'en fait une idée effrayante tant qu'on ne les connaît pas, mais une fois qu'on les a vues pour ce qu'elles sont, d'honnêtes travailleuses, on est rassuré. Marion, j'ai dû attendre l'âge que j'ai, certes, mais je te le dis : je n'ai plus peur des araignées !

MARION. Cependant vous l'avez tuée.

LA DUCHESSE. Elle a payé pour toutes celles dont j'ai eu peur, non mais !

SCÈNE 5

Madame Cassin passe la tête et aperçoit la Duchesse.

MADAME CASSIN *(aux autres, derrière elle).* Elle est ici.

LA COMTESSE *(apparaissant, nerveuse).* Mais enfin, Duchesse, vous aviez disparu !

LA RELIGIEUSE *(déboulant).* Que se passe-t-il ? Où est Don Juan ?

MADEMOISELLE DE LA TRINGLE. Madame, nous avons assez différé les confrontations, il faut finir l'instruction et commencer le procès.

LA DUCHESSE. Mesdames, tout a changé. *(Les femmes s'immobilisent. Importante.)* Mon oreille me tenant lieu d'intelligence, j'ai pris connaissance de nouveaux éléments qui vont modifier totalement le cours de notre affaire. *(Sombre.)* Je crains bien que nous ayons commis une grosse erreur.

Les femmes s'assoient toutes ensemble, dos au public, face à la Duchesse qui va parler.

Noir brusque.

Acte III

Même lieu. Ce n'est pas encore l'aube.

SCÈNE 1

Les sept femmes sont là, à la lueur des bougies. Atmosphère tendue de drame. Quelques restes de petit déjeuner, bols de lait et de chocolat.

Marion débarrasse puis sort.

LA COMTESSE. Et quand est-il mort ?

LA DUCHESSE. Pendant la nuit.

LA COMTESSE. Et qui l'a trouvé ?

LA DUCHESSE. Le garde-chasse, tout à l'heure ; il a buté sur le corps lorsqu'il partait faire sa ronde.

MADAME CASSIN. Où était-il ?

LA DUCHESSE. Dans l'allée, sous les fenêtres de l'aile gauche. Je m'y suis rendue, c'était affreux...

La Nuit de Valognes

lui qui avait été si beau... démis, brisé, défait... et ce sang déjà coagulé sur sa tempe...

LA COMTESSE. Mais enfin, comment cela a-t-il pu se passer ?

LA DUCHESSE. Je ne sais pas, il a dû sauter de la fenêtre de sa chambre, il s'est écrasé sur le sol...

Elle pleure.

MADAME CASSIN. Vous l'aimiez donc tant ?

LA DUCHESSE. Je ne m'en étais pas rendu compte avant ce matin. Enfin, il a eu une belle vie... et puis... il ne savait pas voler.

LA RELIGIEUSE. Il ne savait pas voler !

LA DUCHESSE *(comiquement indignée).* Non madame ! Les paons ne volent pas et lui pas plus qu'un autre. Ce sont de pauvres petits êtres purement décoratifs, inventés pour orner nos parcs. Sans doute la pauvre bête, qui ne le savait pas, a-t-elle voulu essayer, lubie de vieillard... *(Dramatique.)* Ou alors c'est un suicide !

LA COMTESSE. Allons, allons, tout de suite les grands mots ! Calmez-vous, Duchesse, personne n'est éternel, et un oiseau encore moins.

SCÈNE 2

ANGÉLIQUE *(impatiente).* Don Juan ne descend pas, marraine ?

La Nuit de Valognes

MADEMOISELLE DE LA TRINGLE. Rien ne presse, mon petit, nous parlons.

ANGÉLIQUE. Cependant nous avions dit...

LA COMTESSE *(à Angélique, presque agressive)*. Vous êtes bien fraîche, pour une malade...

ANGÉLIQUE *(esquissant une petite révérence, et retenant un sourire)*. Vous m'en voyez désolée. *(A la Duchesse.)* Et Don Juan ?

LA DUCHESSE. Tu as raison, il va bien falloir l'appeler... *(Prise par un sanglot subit.)* Qu'au moins mon paon ne soit pas mort pour rien...

Elle pleure.

LA RELIGIEUSE *(compatissante)*. Duchesse...

Elle se met à renifler avec la Duchesse.

LA COMTESSE. Je dois dire, Duchesse, que je suis parfois surprise par vos réflexions. Ainsi – vous me le pardonnerez – je n'ai toujours pas saisi le rapport entre ce que nous faisons et votre paon...

LA DUCHESSE *(brusquement joyeuse)*. Ne cherchez pas ma bonne Aglaé, il n'y en a pas. C'est du gâtisme. Du pur gâtisme ! Et je remercie Dieu de m'avoir permis d'arriver à un âge où l'on peut radoter sans remords. Je m'ennuyais tellement... A dix ans, lorsque vous dites n'importe quoi, personne ne s'en étonne, c'est un mot d'enfant ; à

La Nuit de Valognes

vingt ans, si vous continuez et que vous avez une jolie figure, c'est de l'esprit, on applaudit. Mais passé trente ans, vous voilà muselée, sauf à passer pour une sotte. La décrépitude m'a redonné l'impunité. On dit simplement : « La vieille est gâteuse », on ne m'en veut pas. Parfois même, on pousse la complaisance jusqu'à s'extasier sur mon âge – on m'en prête un d'ailleurs que je n'ai pas, à les entendre, j'aurais connu Saint Louis –, et pour finir, les plus polis, après m'avoir accordé vingt ans de plus, s'exclament : « Et elle ne les fait pas ! Elle est plutôt bien conservée. » Moi qui pendant des années ai dû parler comme un disciple de Monsieur Descartes, aujourd'hui je me mets à l'obscur, au fumeux... Tenez ! pour un peu, je me ferais poète.

MADEMOISELLE DE LA TRINGLE *(prenant la mouche).* Vous insultez la littérature que je représente.

LA DUCHESSE. D'abord, vous ne représentez que vous-même, Mademoiselle de la Tringle...

ANGÉLIQUE *(impatiente).* Marraine, vous ne pensez pas que Don Juan...

LA DUCHESSE *(négligeant l'interruption).* ...Ensuite, vous vous trompez, j'admire profondément les hommes et les femmes qui ont le courage d'être gâteux plus tôt que les autres, car au fond qu'est-ce qu'un poète ? C'est un gâteux prématuré. Moi

La Nuit de Valognes

je n'ai jamais eu de vocation : j'ai toujours tout fait en même temps que tout le monde.

Mademoiselle de la Tringle va pour répliquer lorsqu'un brusque coup de tonnerre, semblable à celui qui annonçait l'entrée de Don Juan au premier acte, l'interrompt. Dans le même temps un terrible éclair illumine froidement la pièce provoquant un frémissement d'effroi chez les femmes. D'instinct elles se retournent vers le haut de l'escalier et crient d'une seule voix :

LES FEMMES. Don Juan !

SCÈNE 3

Mais au lieu de Don Juan, c'est Sganarelle qui entre, suivi de Marion. Il regarde les femmes avec étonnement. Don Juan les suit, usé, épuisé, les épaules basses et le dos rond, les traits tirés par la veille. Angélique se précipite.

ANGÉLIQUE. Don Juan qu'avez-vous ?

Don Juan la regarde, surpris, comme s'il sortait d'un rêve ou relevait de maladie.

DON JUAN. Mais rien...

Il l'observe et quelque chose semble le gêner dans le visage d'Angélique. Il détourne la tête et vient

La Nuit de Valognes

s'asseoir en titubant de faiblesse. Les femmes le regardent sans indulgence, proches du mépris. Léger flottement dans l'action.

ANGÉLIQUE. Marraine, ce procès est-il bien nécessaire ?

LA DUCHESSE. Tout à fait, mon petit.

ANGÉLIQUE. Mais puisque Don Juan m'aime...

LA COMTESSE *(corrigeant)*. ...vous épouse...

ANGÉLIQUE. ...m'aime et m'épouse, ne pouvons-nous pas nous dispenser de ces chicaneries ?

MADEMOISELLE DE LA TRINGLE. D'abord, où avez-vous pris qu'il vous aimait ?

ANGÉLIQUE. Il me l'a dit lui-même.

LA RELIGIEUSE. A qui ne l'a-t-il pas dit ?

LA COMTESSE. Il dit « je t'aime » comme l'escrimeur se met en garde, c'est le début du duel, vous n'aviez pas compris ?

LA DUCHESSE. Surtout s'il t'aime, ce procès devient indispensable.

ANGÉLIQUE. Vous allez lui faire mal.

LA COMTESSE. Espérons-le.

ANGÉLIQUE. Mais vous êtes odieuses ! Vous ne pensez pas à notre bonheur.

LA COMTESSE. Ma petite, je me soucie de votre bonheur comme de l'orgasme des libellules. Ce n'est pas pour vous que nous organisons ce procès, c'est pour nous !

LA DUCHESSE. Aglaé, tout de même, le bonheur d'Angélique...

LA COMTESSE. Heureuse, Duchesse, heureuse ! Voilà bien de ces idées à la mode ! Est-ce que nous avons songé seulement à être heureuses, nous *(montrant la Religieuse),* elle qui épouse le Bon Dieu *(montrant Mademoiselle de la Tringle),* l'autre la littérature et moi qui me dévoue au vice !

MADAME CASSIN. Je suis heureuse, moi.

LA COMTESSE. M'étonne pas ! Un idéal d'arrière-boutique, le bonheur, ça vous a des relents de pantoufle et de pot-au-feu.

MADAME CASSIN *(continuant, très claire).* Je suis heureuse et je n'en veux pas à Don Juan. Il m'a prise... parce que je me suis donnée. J'ai cru à ses paroles d'amour, mais je sais qu'un instant il les a crues, lui aussi. Et lorsque Don Juan s'est envolé, j'ai gardé la meilleure et la seule chose qu'il m'avait laissée de lui : son souvenir.

LA COMTESSE *(névrotique).* Taisez-vous ! Ce sont les êtres sans mémoire qui ont des souvenirs ! Pour moi, c'est tout près, il n'est pas parti il y a vingt ans, ni même hier, mais ce matin ! Mon corps est encore las, les draps sont chauds !

La Nuit de Valognes

La Duchesse se lève et marche avec autorité sur Don Juan.

LA DUCHESSE. Notre procès est bouleversé, Don Juan. Nous nous étions toutes réunies ici afin de juger et condamner un homme qui était la scélératesse même montée sur bottes...

DON JUAN. Eh bien ?

LA DUCHESSE. Nous souhaitions le faire. Nous le souhaitons toujours. C'est impossible.

DON JUAN. Et pourquoi ?

LA DUCHESSE *(le désignant du doigt)*. Cet homme n'est pas Don Juan. Cet homme est un imposteur.

Don Juan sourit, comme soulagé. Angélique, Sganarelle et Marion demeurent stupéfaits.

SGANARELLE *(se précipitant vers la Duchesse)*. Madame, vous vous trompez : c'est Don Juan, mon maître, je vous assure.

LA DUCHESSE. Vous êtes aveugle, valet, approchez-vous donc et regardez-le, celui que vous tenez comme votre maître. Observez ces épaules qui s'arrondissent – sous le poids de quoi ? rien ne pèse sur le vrai Don Juan. Voyez ce regard perdu dans des pensées : on dirait un homme qui se souvient, or Don Juan n'a pas de mémoire. Voyez le temps qui commence à tisser sa toile sur son visage, ces petits fils de rides qui relient les paupières aux oreilles, et les oreilles aux lèvres.

SGANARELLE *(étonné, il cherche cependant à justifier son maître)*. C'est qu'il vieillit, Madame...

LA DUCHESSE *(lui soufflant ironiquement la fin de sa phrase)*. ...comme nous tous... ?

SGANARELLE. ...comme nous tous...

LA DUCHESSE *(fortement)*. Justement : c'est impossible. Don Juan n'est pas soumis aux lois du temps.

Les femmes s'approchent, inquiétantes, se plaçant autour de lui.

DON JUAN *(avec un étrange sourire)*. C'est vrai : j'ai changé.

LA RELIGIEUSE. Traître, vous n'avez pas le droit de changer !

LA DUCHESSE. Alors notre procès aussi a changé. On ne tire pas sur le gibier lorsqu'il est mort. Hier, nous vous reprochions d'être Don Juan. Ce matin, nous vous accusons de n'être plus Don Juan. Le procès peut commencer.

Angélique, d'instinct, se place entre eux.

ANGÉLIQUE. Mais taisez-vous, toutes. Don Juan veut se lier à moi.

La Nuit de Valognes

LA DUCHESSE *(regardant tristement Angélique).* Ma pauvre enfant...

ANGÉLIQUE *(agressive).* Je ne suis pas à plaindre. *(Se tournant vers Don Juan.)* Mais dis-leur, toi ! *(Don Juan la regarde, muet.)* Parle, elles ne me croient pas.

LA DUCHESSE. Don Juan, êtes-vous amoureux d'Angélique ?

DON JUAN *(tristement, détournant son regard d'Angélique).* Non. *(Angélique est abattue par la nouvelle. Don Juan lui dit gentiment :)* Mais ne pleure pas : j'essaierai... si c'est ce que tu veux.

LA COMTESSE. « J'essaierai... si c'est ce que tu veux » ! Mais sortez-moi de ce cauchemar !

LA DUCHESSE. Don Juan, levez-vous et jurez-nous de dire la vérité.

DON JUAN. Je dirai tout ce que vous voudrez.

LA DUCHESSE. Non, ne nous promettez pas votre vérité, mais la vraie : la vôtre.

DON JUAN. Je le jure.

Mme Cassin intervient, discrète mais pressante.

MADAME CASSIN. Madame la Duchesse, nous devrions en rester là. Dans le secret, c'est le mystère qu'on aime, et non la vérité.

LA DUCHESSE. Je veux savoir.

La Nuit de Valognes

MADAME CASSIN. Mais quand il n'aura plus d'ombres, plus de silences, vous l'aurez – nous l'aurons – totalement perdu.

LA RELIGIEUSE. Comme séducteur, il nous restera toujours Dieu : celui-là, on ne sait jamais ce qu'il pense.

LA DUCHESSE. Don Juan, choisissez-vous un avocat parmi ces dames.

Don Juan s'approche de Madame Cassin et lui baise galamment la main. Elle consent d'un sourire.

LA COMTESSE. C'est l'avocat qu'il vous faut : elle est muette.

LA DUCHESSE. Le chef d'accusation est clair : vous avez trahi la traîtrise. J'appelle donc Sganarelle à témoigner devant nous. *(Sganarelle accourt.)* Sganarelle, depuis quand Don Juan n'est-il plus Don Juan ?

SGANARELLE *(à Don Juan)*. Ne craignez rien, Monsieur, je vous défendrai bien ; moi j'ai confiance en vous : je sais que vous restez aussi mauvais qu'avant.

DON JUAN. Sganarelle !

SGANARELLE *(lyrique)*. Je sais toutes vos vilenies, je leur montrerai comme votre cœur est sale, je révélerai ce fumier qu'est votre âme. C'est simple : si Don Juan n'existait pas, j'aurais pu l'inventer.

La Nuit de Valognes

LA DUCHESSE. Sganarelle, adressez-vous à la cour.

SGANARELLE. Mon maître demeure immonde, Mesdames, immonde autant qu'avant et je commence à le prouver : ne se montre-t-il pas en ce moment particulièrement déplaisant à vos yeux ?

MADEMOISELLE DE LA TRINGLE. Je dois avouer...

SGANARELLE *(triomphant)*. C'est donc bien lui ! Il vous trahit, il se dérobe : c'est Don Juan. Il ne vous a pas abandonnées puisqu'il vous abandonne encore.

LA COMTESSE. Poursuis, valet, tu m'intéresses.

DON JUAN. Cesse, veux-tu, je parlerai moi-même.

LA COMTESSE. Du tout : c'est en vous noircissant qu'il pourra vous blanchir.

LA DUCHESSE. Sganarelle, contentez-vous de répondre aux questions qu'on vous pose. Vos élucubrations sont trop intelligentes pour n'être pas totalement fausses. *(Elle lui tend son carnet.)* Que s'est-il passé il y a cinq mois et vingt-huit jours ?

ANGÉLIQUE *(sortant de sa torpeur)*. Mais...

LA DUCHESSE. Consultez le carnet.

ANGÉLIQUE. Marraine !

LA DUCHESSE *(toujours à Sganarelle)*. Tentez de vous souvenir, valet, ce qui se passa... avant... ou bien après...

La Nuit de Valognes

Don Juan se lève pour s'interposer. La Duchesse l'arrête d'un geste.

LA DUCHESSE. Vous parlerez à votre tour.

SGANARELLE. Ah oui, je me souviens... C'était un soir de l'automne dernier, non, c'était la nuit plutôt...

Immédiatement la lumière baisse sur toute la scène du procès. C'est la pénombre.

LA VOIX DE SGANARELLE. Nous marchions dans Valognes éteinte. Nous rentrions de je ne sais quelle aventure, vierge, femme mariée, je ne sais plus, je lis mal mon carnet, bref, c'était une petite soirée paisible où nous laissions le malheur et les larmes derrière nous lorsque...

SCÈNE 4

Le décor du fond s'est ouvert, laissant place à une arrière-scène noire où l'on voit deux silhouettes en train de marcher, et une troisième plus loin, immobile. Sganarelle est maintenant au fond de la scène, dans le passé, tenant une lanterne à la main. Soudain, pris de tremblement, il indique à son maître Don Juan une forme encore indistincte.

SGANARELLE. Mon Dieu, mon Dieu... Là... mon maître... une apparition.

La Nuit de Valognes

DON JUAN *(sans regarder).* Encore !

SGANARELLE. Ah, c'est terrible... il pointe sa main vers nous... c'est la vengeance...

DON JUAN. Et qu'as-tu vu cette fois-ci ? Dieu ou le diable ?

SGANARELLE. Là... Là...

DON JUAN. J'ai remarqué, Sganarelle, que selon les époques, les mystiques aperçoivent le Christ nu sur la croix ou bien couvert jusqu'au nombril. Au fond c'est pour cela qu'on devrait vous croire, vous autres, les inspirés : vous êtes incapables d'inventer quoi que ce soit !

SGANARELLE. Là... Là... La statue !

DON JUAN. Eh bien quoi, la statue ?

SGANARELLE. Elle bouge...

DON JUAN *(regardant enfin).* Une statue qui bouge, c'est très rare, elle a dû sauter de son socle. *(Il s'approche.)* Je suis content d'apprendre qu'une statue peut se mouvoir, car lorsque l'on reste trop longtemps immobile, on éprouve irrésistiblement le besoin de gestes insignifiants qui deviennent brutalement indispensables : se moucher, se gratter, déplacer une couille, démentir un faux pli... *(On voit plus nettement le jeune homme immobile. Don Juan arrache sa lanterne à Sganarelle.)* Comme c'est curieux. C'est vrai, elle tend la main.

La Nuit de Valognes

Il la contemple.

SGANARELLE. Ne la touchez pas, il ne faut pas.

DON JUAN. Mais voyons, elle me tend la main.

SGANARELLE. Elle va vous brûler.

DON JUAN. C'est si simple.

Il prend la main du jeune homme qui, immédiatement, abandonne son immobilité et éclate de rire.

LE JEUNE HOMME. Bravo, l'ami, vous n'êtes pas peureux.

DON JUAN. Tu vois, Sganarelle, en plus, elle parle. C'est une statue très sympathique.

SGANARELLE *(bougon)*. D'abord, une statue qui bouge et qui parle, ce n'est pas une statue.

DON JUAN. Et qu'est-ce ?

SGANARELLE. C'est un homme.

DON JUAN *(au jeune homme)*. Vous êtes un homme ?

LE JEUNE HOMME. Je ne sais pas.

DON JUAN. Alors, vous en êtes un.

LE JEUNE HOMME. Mes amis, pardonnez-moi, je ne voulais pas passer pour une créature surnaturelle ou un quelconque démon, mais je m'amusais simplement à jouer l'automate.

SGANARELLE *(de méchante humeur)*. L'automate ? Connais pas ce légume-là.

LE JEUNE HOMME. C'est une apparence d'homme. A l'intérieur, tout est faux, il n'y a ni cœur, ni sang, ni cerveau, ni viscères, point d'organes, point de tripes, mais seulement des roues, des boulons, des poulies. Ça ne mange que de l'huile et ça ne pense à rien. C'est entièrement mécanique.

SGANARELLE. C'est diabolique, oui !

DON JUAN. Voilà bien Sganarelle ! Il y a quelques instants, il vous prenait pour un envoyé de Dieu, maintenant vous voilà messager du diable ! La théologie lui a gâté la tête au point que désormais, pour lui, faire une nuance, c'est passer du blanc au noir sans transition. Il était beaucoup moins sot avant de se mêler d'être intelligent. Je suis Don Juan.

LE JEUNE HOMME. Chevalier de Chiffreville. J'ai pour défaut de préférer le vin à l'huile, pour mes rouages. D'où mes plaisanteries de fin de soirée... J'aime un peu trop le vin.

DON JUAN. On aime toujours trop quand on aime vraiment. L'excès est de rigueur. Et que faites-vous, chevalier ?

LE JEUNE HOMME. Je fuis.

DON JUAN. Vous fuyez ?

La Nuit de Valognes

LE JEUNE HOMME. Beaucoup.
SGANARELLE. La police ?
LE JEUNE HOMME *(riant)*. Moi-même. Mais je ne perds jamais ma trace, je me rattrape toujours. Il n'y aurait que le vin qui me permettrait de m'égarer un instant mais chaque matin, clac, je me retrouve et je me resuis pour toute la journée.
SGANARELLE. J'ai connu un homme un peu comme vous : il avait peur de son ombre.
LE JEUNE HOMME. Non, une ombre, ça ne vous appartient pas, c'est la lumière qui vous la donne. Il suffit de sauter en l'air pour qu'elle se détache de vos pieds, ou bien de vivre dans l'obscurité. Alors moi, faute de m'élever ou bien d'éteindre, je bois. Chacun sa nuit !
DON JUAN *(amusé)*. Mais qu'y a-t-il de haïssable en vous ?
LE JEUNE HOMME. Ah ah... *(Il ne répond pas.)* Au fait, l'ami, ne m'accompagneriez-vous pas jusqu'à la prochaine échoppe d'oubli ! Je vous invite.

Il tend la main à Don Juan. Noir sur le fond de scène.

SCÈNE 5

La lumière revient, assez faible dans la salle du procès, qui reste pleine de pénombre.

La Nuit de Valognes

LA COMTESSE. C'est tout, il a seulement rencontré le frère de mademoiselle ?

MADEMOISELLE DE LA TRINGLE. Cela me paraît bien ordinaire.

LA DUCHESSE. Continuez, Sganarelle.

SGANARELLE. Bien, Madame. *(Il reprend son récit.)* Et, ce soir-là, mon maître, qui ne haïssait rien tant que la compagnie des hommes, sauf si elle lui permettait d'arriver jusqu'à quelque nouvelle maîtresse, Don Juan accepta l'invitation du jeune chevalier. Il s'assit, il l'écouta – car mon maître ne boit pas comme tous les esprits méfiants. Puis il le ramena chez lui au petit matin et le rendit à sa sœur.

SCÈNE 6

La lumière baisse de nouveau, les murs du fond s'entrouvrent. C'est la taverne des Trois Renards : une simple table où deux verres et une bouteille sont posés. Don Juan est assis, seul à une table. Il attend.

VOIX OFF DE SGANARELLE. Et il revint...

VOIX OFF D'ANGÉLIQUE *(souvenir du deuxième acte)*. Avez-vous déjà vu des poissons ? Et des oiseaux ? Celui que vous aimez vous apparaît comme un poisson dans l'eau ou un oiseau dans l'air : il a passé un pacte avec la terre : il ne pèse pas.

VOIX OFF DE SGANARELLE. ...Tous les soirs...

VOIX OFF D'ANGÉLIQUE. Il a passé un autre contrat avec tout l'univers. Ils se sont entendus pour que l'univers lui montre toujours ce qu'il y a de plus beau.

VOIX OFF DE SGANARELLE. ...Il l'attendait...

VOIX OFF D'ANGÉLIQUE. Toutes les horloges se détraquent, elles traînent quand on l'attend et courent quand il est là.

VOIX OFF DE SGANARELLE. ...comme si le reste n'avait plus d'importance...

VOIX OFF D'ANGÉLIQUE. Vous vivez tout en double. Une fois pour vous, une fois pour lui. Pour le lui raconter. Vous devenez poète.

Don Juan attend toujours. La lumière baisse sur lui.

SCÈNE 7

Retour partiel au procès.

LA RELIGIEUSE *(naïvement)*. Quelle belle amitié !

SGANARELLE. Vous plaisantez, ma sœur ! Quelques jours plus tard, le Chevalier ne vint plus. Qu'avait-il dit ou fait pour que le Chevalier lui fermât sa porte définitivement ? Quel crime ? Quelle horreur ? Je ne l'ai jamais su. Le Chevalier, tout d'un coup, se rendit introuvable. Don Juan courait partout, à son hôtel, à la caserne : le Chevalier demeurait invisible.

La lumière a baissé, comme précédemment. La pénombre s'est faite au-dessus du procès, et les murs du fond s'entrouvrent pour libérer les souvenirs.

VOIX DE SGANARELLE. Arriva alors ce soir où nous eûmes une visite. Et Don Juan franchit un pas dans la débauche...

LA RELIGIEUSE *(pendant que la lumière s'éteint).* Quelle horreur !

LA COMTESSE. Ne dites pas cela, vous êtes ravie.

LA RELIGIEUSE. Oh, vous ! vous ne pensez qu'à ce que je pense !

SCÈNE 8

On voit une chambre sombre où se trouve un grand lit couvert de blanc. Don Juan y est assis, abattu, défait. Angélique entre, couverte d'un manteau à capuchon, preste, nerveuse.

DON JUAN. Vous ?

La Nuit de Valognes

ANGÉLIQUE. Oh, Don Juan, aidez-moi, je vous en prie ! Vous seul pouvez encore faire quelque chose. Il s'agit de mon frère...

DON JUAN *(frappé d'angoisse).* Votre frère ?

ANGÉLIQUE. Depuis que vous ne le fréquentez plus, il multiplie les extravagances. Il a tenu, contre tout bon sens, à se fiancer à une fille borgne de la noblesse du voisinage et dans le même temps, il se pavane au bras d'une créature... une torche rousse qui promène toujours une petite marionnette à la main...

DON JUAN. C'est Fiammetta ! Une putain.

ANGÉLIQUE. Elle va toujours à moitié nue, ils s'embrassent en public et traînent dans tous lieux qui suintent la crasse et le vin. Le scandale court les rues derrière eux. Oh, Don Juan, vous êtes mon seul espoir.

DON JUAN. Parle-t-il de moi quelquefois ?

ANGÉLIQUE. Jamais. Lui qui en parlait tant auparavant. *(Ajoutant pudiquement.)* Et moi aussi.

DON JUAN *(douloureux, pour lui-même).* Me faire cela. Me faire cela à moi qui lui ai donné mon amitié, mon temps, mes heures. Tant donner et si peu...

ANGÉLIQUE *(douce).* Vous l'aimiez, Don Juan ?

A partir de cette réplique, Don Juan change complètement d'attitude. Il se lève, inquiétant, mauvais, partant d'un rire aigre.

DON JUAN. Voyons, est-ce que j'ai le temps d'aimer votre frère ? Et qu'a-t-il fait qui mériterait cela ?

ANGÉLIQUE. Vous aviez tant de sollicitude...

DON JUAN *(toujours plus menaçant)*. De la ruse, ma belle, de la ruse. Un simple stratagème pour arriver à mes fins. Un marchepied. Votre frère ne fut jamais qu'un moyen.

ANGÉLIQUE. Un moyen pour quelle fin ?

DON JUAN. Vous, ma belle, vous ! L'homme conduit toujours à la femme, que ce soit l'épouse ou la sœur – je n'aime pas trop les mères... C'est vous le bout de mon chemin, ma jolie, c'est vous. Car je meurs d'amour pour vous.

ANGÉLIQUE. Je ne vous crois pas Don Juan, vous avez un regard... Vous me faites peur...

DON JUAN. Et qu'a-t-il donc, mon regard ?

ANGÉLIQUE. C'est... comme de la haine...

DON JUAN. C'est le désir petite, c'est le regard du loup ! *(Montrant le lit.)* Viens : nous allons attendre ton frère.

ANGÉLIQUE. Non, je ne veux pas... je vais l'attendre chez moi.

DON JUAN. Au diable ton frère, ce n'est pas lui que je veux, est-ce clair ? c'est bien toi. *(Impératif.)* Allons, viens !

La Nuit de Valognes

Il l'embrasse.

ANGÉLIQUE. Mon Dieu... mon Dieu...

DON JUAN. Il s'en fout de toi, ton Dieu, et de moi, et de tout le monde. On peut copuler comme des rats, il ne voit rien. Il a les yeux crevés. Il agonise perpétuellement tandis que les peaux et intestins se frottent. C'est un charnier, ton Dieu, il pue, il pète d'impuissance ! Viens !

Il la fait rouler sur le lit.
Noir presque complet sur toute la scène.

VOIX DE SGANARELLE. Et c'est l'écume aux lèvres, la rage au cœur et les yeux en sang que Don Juan força l'amour de la petite Angélique. Mais au matin, vertu de l'habitude, effet de la fatigue, il sut prononcer quelques mots presque tendres, et la jeune fille put croire qu'elle avait passé la plus belle nuit du monde.

SCÈNE 9

Lumière blafarde. Le lit a disparu. C'est un champ nu au matin. Brumes. Apparaissent deux silhouettes : le Chevalier et Don Juan.

LE JEUNE HOMME *(l'épée à la main).* Vos témoins sont arrivés ?

La Nuit de Valognes

DON JUAN. Pas encore.

LE JEUNE HOMME. Les miens non plus.

DON JUAN. Chevalier...

LE JEUNE HOMME *(l'interrompant).* Regardez, Don Juan, c'est l'aube ! Ma première aube à jeun. C'est très beau, l'aube, comme un mur qu'on nettoie et qui redevient blanc.

DON JUAN. Chevalier, abandonnons ce duel !

LE JEUNE HOMME. Vous avez déshonoré ma sœur !

DON JUAN. Je réparerai : j'épouserai votre sœur.

LE JEUNE HOMME *(étrangement déterminé).* Raison de plus pour se battre !

DON JUAN. Mais je réparerai, vous dis-je. Votre sœur m'aime...

LE JEUNE HOMME. Pauvre sotte !...

DON JUAN. Votre sœur qui m'aime est venue me voir pendant que vous étiez, vous, dans les bras de Fiammetta...

LE JEUNE HOMME. Vous n'aimez pas ma sœur !

DON JUAN. Pas le moins du monde.

LE JEUNE HOMME. Vous vous êtes vengé de moi sur elle.

DON JUAN. Vengé de quoi ?

LE JEUNE HOMME. En garde, Don Juan !

La Nuit de Valognes

DON JUAN. Et vos témoins ?

LE JEUNE HOMME. Je n'ai pas de témoins. Ni vous non plus. Je les ai décommandés. Nous sommes seuls. En garde !

DON JUAN. En garde !

Ils sont en garde tous les deux et se font face. Aucun n'ose commencer. Un temps.

DON JUAN. Pourquoi n'êtes-vous plus venu aux rendez-vous que je vous donnais ?

LE JEUNE HOMME. On vous a sûrement répondu : je n'avais pas le temps.

DON JUAN. Vous ne me ferez pas croire que la vie militaire, dans une ville de garnison, tout d'un coup...

LE JEUNE HOMME. Qu'en savez-vous ?

DON JUAN. Soit. *(Un temps.)* Mais Fiammetta, cette putain vulgaire ? Pourquoi ne pas passer nos soirées à la taverne des Trois Renards, comme avant ?

LE JEUNE HOMME. Ai-je des comptes à vous rendre Don Juan ?

DON JUAN. Je le croyais... Fiammetta, une fille de caniveau qui ne vous plaisait même pas ?

LE JEUNE HOMME *(cinglant)*. Sans doute obtenais-je d'elle quelque chose que vous ne pouviez pas

La Nuit de Valognes

me donner, cher ami, malgré tous vos bons sentiments. Peut-être comptiez-vous remplacer une belle putain rousse entre mes bras, peut-être ? Vous auriez poussé l'amitié jusqu'à partager mon lit, vous laisser embrasser sur les lèvres ? Qu'avez-vous à répondre ?

DON JUAN. Rien.

LE JEUNE HOMME. C'est bien ce que je pensais. Donc vive Fiammetta !

DON JUAN. Vous ne l'aimez pas, vous ne la désirez pas !

LE JEUNE HOMME. Je la hais.

DON JUAN. Alors pourquoi ?

LE JEUNE HOMME. Et vous, pourquoi voulez-vous réparer, épouser ma sœur, vous lier à ma maison ?

DON JUAN. Je ne sais pas. J'avais envie...

LE JEUNE HOMME. De quoi ?

DON JUAN. Je ne me battrai pas.

LE JEUNE HOMME. Vous vous battrez, sinon je vous embroche.

DON JUAN. Je ne vous crois pas.

LE JEUNE HOMME. Je suis à jeun, méfiez-vous.

DON JUAN. Effectivement, cela m'inquiète. C'est la première fois que j'ai peur de la mort. Oh non, pas de la mienne, mais de la vôtre. Cette vie qui ne tient qu'à un fil, le fil de mon épée... Je ne me battrai pas.

LE JEUNE HOMME. Restez en garde !

DON JUAN. Soit. *(Un temps.)* Ne vous faites pas plus méchant que vous n'êtes.

LE JEUNE HOMME. Je vous hais, Don Juan !

DON JUAN. Je ne vous crois toujours pas, Chevalier, je ne vois pas de haine dans vos yeux, c'est de la tristesse ; et puis, là, maintenant, comme un espoir, oui, un espoir, je vois... Chevalier...

Subitement, le Chevalier se jette en avant, s'enfonçant volontairement sur l'épée de Don Juan qui n'a pas le temps de réagir.

Le Chevalier tombe à terre, blessé à mort.

DON JUAN *(bouleversé)*. Je... je... Je n'ai rien fait... Je...

LE JEUNE HOMME *(parlant difficilement)*. Je sais. J'aurais bien bu pour avoir un peu de courage, mais j'avais peur de me rater. J'espère que j'en ai fait assez pour mourir.

DON JUAN *(à genoux, lui soutenant la tête)*. Pourquoi mourir ?

LE JEUNE HOMME. Il faut abattre les chiens galeux.

DON JUAN. Vous n'êtes pas galeux.

La Nuit de Valognes

LE JEUNE HOMME. J'allais le devenir. Je vous ai déjà fait du mal ces derniers jours, mais je pouvais vous en faire davantage.

DON JUAN. Vous ne me haïssez pas...

LE JEUNE HOMME. Voyez, lorsque nous étions petits, ma sœur et moi, et que nous nous promenions avec un de nos domestiques, nous rencontrâmes un jour un chien errant. Le domestique, qui pleurait d'affection devant les bêtes, voulut le garder. Ma sœur et moi n'étions pas d'accord, car le chien était laid, pelé, édenté, et il sentait mauvais. Pourtant c'était la plus affectueuse des bêtes, amicale, tendre, jamais de rancune, et à nous voir, sa queue battait tellement de joie que tout son corps en était déporté. Mais il était laid et nous n'en voulions pas. Il nous donnait son amour, nous lui rendions des coups ; il s'attachait à nous, nous l'attachions au mur ; plus il était bon, plus nous étions odieux. Alors un jour, il mordit ma sœur par surprise, puis moi le lendemain. Cet amour sans retour l'avait rendu comme enragé, il attaquait tout le monde, lui, le meilleur des chiens. Alors nous en avons saisi le prétexte pour le tuer tout de bon cette fois-ci, car il était dangereux.

DON JUAN. Mais j'étais prêt à vous rendre votre affection.

La Nuit de Valognes

LE JEUNE HOMME. Mon affection peut-être, mais mon amour ?

DON JUAN. Chevalier !

LE JEUNE HOMME. Ne répondez pas, Don Juan, vous ne diriez que des bêtises. *(Un temps.)* Vous savez... Fiammetta... Je ne l'ai jamais touchée... je la payais pour qu'elle fasse croire à nos débauches... je voulais donner le change... *(Un temps.)* Vous appréciez le sexe, et le destin vous envoie l'amour sous une forme que vous ne pouvez désirer. Puni !... Moi j'étais fait pour aimer, mais pas là où il fallait, ni comme il le fallait. Puni aussi. Mais pour quoi ? Pour quelles fautes ? Est-ce Dieu ou les hommes qui sont mauvais ? *(Subitement fiévreux.)* Pourtant Dieu existe, Don Juan, Dieu existe. Car ce que j'ai senti pour vous, c'est cela, Dieu.

DON JUAN. Alors si Dieu est là, en vous, en moi, dans votre cœur et dans le mien, pourquoi mourir ? Ce carnage...

LE JEUNE HOMME. Pour ne pas vivre à vos côtés sans pouvoir... *(Il va pour le toucher puis retient son geste.)* Et puis mourir pour vous le dire, et que vous me le disiez. Car vous me le dites aussi, Don Juan, vous me le dites bien ?

DON JUAN. Je vous le dis.

LE JEUNE HOMME. Oh oui, dites-le-moi, mais pas avec les mots, ils ont traîné dans toutes les bouches, dites-le-moi avec les yeux. *(Don Juan le regarde intensément.)* Comme vous le dites bien : on voit que vous n'avez pas l'habitude. Recommencez une fois encore. *(Don Juan le regarde intensément.)* Je peux mourir.

Don Juan, agenouillé, tient la tête du Chevalier contre lui, étrange pietà.

Noir progressif. Don Juan et le jeune homme disparaissent dans le passé.

SCÈNE 10

On revient dans le salon, les murs du fond se referment. Les femmes restent songeuses, Angélique pleure doucement.

LA DUCHESSE *(posant la main sur l'épaule d'Angélique).* Pleure, mon petit, pleure, les larmes font partir le chagrin.

DON JUAN *(comme s'il finissait le récit qu'avait commencé Sganarelle).* Je ne connaissais que le sexe, je ne connaissais que la guerre. Je croyais savourer le plaisir et je n'en goûtais que l'excitation. *(Presque pour lui-même.)* J'aimais gagner, rien d'autre. Lorsque je les prenais, là, entre mes mains, avec mon corps, lorsque j'entrais en elles, il y avait quelques secondes où je les sentais céder, et je me jugeais vainqueur. Après c'était la morne mécanique du bien-être. Je faisais l'amour comme le mathématicien du calcul, par nécessité, mais je haïssais leur jouissance. Je les voyais renversées, la gorge et les joues rouges, elles poussaient des cris d'extase, elles frémissaient, elles ondulaient, leurs yeux pleuraient des larmes de bonheur, et moi je m'agitais comme un ressort, avec un peu plus de variété qu'un ressort, mais aussi obstinément qu'un ressort. C'était inhumain. Je n'éprouvais rien et lorsqu'elles criaient, j'avais l'impression d'être leur esclave. Je les quittais. *(Un temps.)* Depuis toujours, j'attendais... J'attendais, à chaque fois, que l'une d'elles m'arrêtât, me retînt. Je les regardais toutes en me disant : « Je pars. » Et je pouvais toujours partir...

LA DUCHESSE. Et lui...

DON JUAN. Et lui je l'ai manqué... Je ne m'attendais à reconnaître l'amour que paré d'un jupon. *(Il se tourne vers Angélique, qui pleure.)* Angélique, m'acceptez-vous comme époux ?

LA COMTESSE. Arrêtez.

DON JUAN *(doucement)*. Alors il serait mort pour rien ?

MADAME CASSIN *(doucement)*. On n'épouse pas ses souvenirs.

La Nuit de Valognes

DON JUAN. Alors lui le premier, il m'aurait fait sortir de moi-même et je devrais y rentrer après qu'il m'a montré le chemin ? Il se serait sacrifié pour que je reste aussi sot qu'avant ? Je veux aimer.

MADEMOISELLE DE LA TRINGLE. Pas elle.

DON JUAN. Elle souffre...

LA COMTESSE. Un saint, Don Juan vire au saint ! Avant il sentait le soufre, maintenant le cierge éteint. Où est votre soutane, mon frère ?

DON JUAN *(poursuivant)*. Elle a besoin de moi.

ANGÉLIQUE. Non.

DON JUAN. Je veux que tu sois heureuse.

ANGÉLIQUE *(déchirante)*. Je ne veux pas d'un homme qui veut me rendre heureuse, je veux un homme égoïste, bien égoïste, et possessif, et jaloux, qui m'aime pour lui, rien que pour lui, pour être heureux, lui, avec moi.

DON JUAN. Mais ce n'est pas de l'amour.

ANGÉLIQUE. C'est le mien. De l'amour égoïste. C'est celui que je veux en retour.

Se ressaisissant ultimement, Angélique se lève et se prépare à monter l'escalier.

ANGÉLIQUE. Partez. Je sais maintenant pourquoi vous m'épouseriez, et la raison en est trop

La Nuit de Valognes

sublime, elle me répugne. Je préfère être malheureuse : c'est être heureuse à ma façon.

Don Juan la regarde tristement.

DON JUAN. Angélique...

Angélique qui sortait se retourne.

DON JUAN *(lentement)*. J'aurais pu t'aimer.

Angélique se cache le visage dans ses mains pour dissimuler sa peine et disparaît.

SCÈNE 11

Tout d'un coup, la Religieuse n'y tient plus.

LA RELIGIEUSE. Dieu est un sacré cochon !

LA DUCHESSE *(choquée)*. Ma sœur !

LA RELIGIEUSE. Dieu est un sacré cochon !

MADEMOISELLE DE LA TRINGLE. Ma sœur, contrôlez-vous !

LA RELIGIEUSE. Je Le hais. Cela fait dix ans que je me suis mariée avec Dieu, et que m'a-t-Il donné, en dix ans ? Pas ça ! Rien. Il ne m'a pas rendue moins sotte ni plus laide. Il n'a pas chassé un seul des désirs qui me tourmentent, au contraire c'est à croire qu'Il les attise. Dieu de pardon ? C'est moi qui suis obligée de tout Lui pardonner : Ses silences, Ses absences, Son indifférence, ma claustration et mon ennui. *(Véhémente.)* Venez donc chez nous, dans le harem de l'Époux Céleste, et vous verrez Ses vieilles favorites, celles qui n'ont pas vu la poussière d'un chemin depuis cinquante ans, celles qui se sont enfermées ici pour rester avec Lui alors qu'Il a toujours mieux à faire ailleurs et qu'Il n'est jamais là, ce sont de vieilles pommes ridées dont plus personne ne voudrait ! Elles parlent de Dieu avec une tendresse de femmes battues et trompées toute leur vie.

LA DUCHESSE. Ma sœur !

LA RELIGIEUSE. Mais regardez ce qu'Il nous a fait, à toutes, et ce qu'Il lui fait, à lui : la trahison, toujours la trahison ! Dieu nous inspire de l'amour pour un être mais c'est pour mieux nous le retirer ensuite. *(Déchaînée.)* Des plaisirs de pêcheurs à la ligne ! *(Elle mime l'action comme une démente.)* « Tiens, mon petit poisson, regarde le beau ver ! » *(Elle fait brusquement le geste de retirer la canne.)* Et hop, on le tire de l'eau et on l'emmène mourir dans un monde froid et blanc. *(Mauvaise en regardant le ciel.)* Il s'amuse comme un petit fou là-haut !

La Religieuse sort brusquement.

La Nuit de Valognes

SCÈNE 12

Mademoiselle de la Tringle s'avance, tremblante de rage, vers Don Juan.

MADEMOISELLE DE LA TRINGLE. Ainsi la prochaine inconnue que vous rencontrerez, vous l'aimerez ?

DON JUAN. Oui.

MADEMOISELLE DE LA TRINGLE. D'un amour absolu ?

DON JUAN. Oui.

MADEMOISELLE DE LA TRINGLE. D'un amour éternel ?

DON JUAN. Oui.

MADEMOISELLE DE LA TRINGLE. Comme dans mes romans ?

DON JUAN. Oui.

MADEMOISELLE DE LA TRINGLE *(hurlant)*. Imbécile ! Mes romans sont stupides !

Et elle gifle violemment Don Juan. Celui-ci supporte stoïquement le soufflet. Mademoiselle de la Tringle s'écarte, prise de tremblements nerveux. Madame Cassin vient l'apaiser.

La Nuit de Valognes

La Comtesse, subitement douce et calme, comme on ne l'a jamais vue, s'approche de Don Juan, lui pose délicatement la main sur l'épaule et dit, ensorcelante :

LA COMTESSE. Laisse-les, aucune ne te comprend. Elles se prennent toutes pour tes victimes, moi seule ai reconnu le maître. Lorsque tu es parti, je ne me suis pas mouchée, non, j'ai réfléchi, puis j'ai appris, règle par règle, ton catéchisme. J'ai appris qu'en amour il n'y avait pas d'amour, mais des vainqueurs et des vaincus... J'ai appris que la victoire n'avait d'autre but que la victoire, qu'il n'y avait pas d'après... J'ai appris que le plaisir est fade s'il n'a le goût du mal, que la caresse toujours préfigure la gifle et le baiser ébauche la morsure... J'ai appris qu'on attrape les hommes par la queue mais qu'on les saigne au cœur... Tout cela, je te le dois, c'est ma fidélité. Viens.

DON JUAN. Trop tard. Je suis guéri.

LA COMTESSE *(dans son rêve).* Tu reviendras : le poisson se noie s'il sort de l'eau. *(Elle prend son manteau et se dirige vers la sortie.)* Sois tranquille, en t'attendant, je ferai le mal pour deux : je tromperai, je déniaiserai, j'éventrerai tout ce qu'il reste d'innocence jusqu'à ce que j'arrive enfin, nue, chez le diable, mon corps couvert de sa vraie gloire : la petite vérole.

La Nuit de Valognes

DON JUAN. La petite vérole ? Je ne vous croyais pas si modeste.

LA COMTESSE *(lui donnant rendez-vous)*. Au diable, Don Juan.

Elle a disparu. Mademoiselle de la Tringle l'a suivie spontanément.

SCÈNE 13

Don Juan se retourne vers Madame Cassin et la Duchesse qui sourit légèrement.

LA DUCHESSE. Marion, éteins les bougies.

MARION. Madame, il fait encore si sombre.

LA DUCHESSE. Chut, éteins les bougies, voici l'aube.

Marion va progressivement éteindre les bougies. La salle sera presque dans le noir pendant quelques instants puis le jour, arrivant des grandes baies, envahira progressivement la scène.

LA DUCHESSE *(songeuse et musicale)*. On dit que les nouveau-nés sont quasiment aveugles pendant leurs premières semaines sur cette terre, qu'ils ne distinguent ni formes ni couleurs, jusqu'au jour où le sourire d'une mère, les deux mains d'un père, écartant la gaze floue et confuse qui recouvre

La Nuit de Valognes

le berceau, leur apparaissent. Et puis, plus tard, à l'âge adulte, il y a – parfois – de nouveau, un homme ou une femme qui soulève le rideau, donnant forme et couleur au monde. Le Chevalier l'a fait. Où irez-vous ?

DON JUAN. Je ne sais pas. Au-delà de moi.

LA DUCHESSE. C'est tout près.

MADAME CASSIN. C'est très loin. Bonne chance, Don Juan.

Le jour n'est pas encore tout à fait levé. Marion a ouvert les rideaux qui donnent sur la lumière naissante. Don Juan met sa cape et s'apprête à partir. Il semble hésiter un instant.

DON JUAN. Dites-moi, Duchesse, comment cela s'appelle-t-il lorsque, dans les larmes, les convulsions, dans les hurlements, la douleur et le sang, on s'apprête à sortir, plonger dans l'inconnu, aller à la rencontre des autres ?

LA DUCHESSE. La naissance.

DON JUAN. Et comment cela s'appelle-t-il lorsque, au même moment, on a peur d'être broyé par la lumière, trahi par toutes les mains, ballotté par les souffles du monde, et que l'on tremble à l'idée juste d'être une simple et haletante poussière, perdue dans l'univers ?

LA DUCHESSE. Le courage. *(Un temps.)* Bon courage, Don Juan.

La Nuit de Valognes

Don Juan s'éloigne dans la lumière qui croît.

Madame Cassin, Marion et la Duchesse s'approchent des hautes fenêtres devant lesquelles elles ne sont plus que des ombres chinoises.

LA DUCHESSE. Regardez-le, le jour qui se lève, comme il nous trouble, comme il brouille tout. A nos chandelles, les profils étaient nets, les sentiments bien simples, les drames avaient des nœuds qu'on pouvait ou trancher ou défaire. Mais Don Juan rejoint le jour ; un homme naît.

MADAME CASSIN *(tristement)*. Un homme ? Un petit homme, oui...

LA DUCHESSE *(avec un sourire)*. Un homme, c'est toujours un petit homme.

On aperçoit les femmes à contre-jour et Don Juan qui s'éloigne lentement dans le lointain. Sganarelle sanglote, assis sur le bord de la scène, fou de chagrin.

SGANARELLE. Mes gages, Madame, mes gages... Il me les a donnés !

LA NUIT DE VALOGNES
d'Éric-Emmanuel Schmitt

*a été créée
le 17 septembre 1991 à l'Espace 44 à Nantes
le 4 octobre 1991 à la Comédie des Champs-Élysées à Paris*

Mise en scène : Jean-Luc Tardieu
assisté de : Anne Denieul
Décors : Dominique Arel
Costumes : Jean-Patrick Godry
Ensemblier : Daniel Lépy
Lumières : Jacques Rouveyrollis
assisté de : Gaëlle de Malglaive et Georges Granier

Distribution

Don Juan : Mathieu Carrière
La duchesse de Vaubricourt : Micheline Presle
Angélique de Chiffreville
dite « La Petite » : Florence Darel
Le chevalier de Chiffreville,
dit « Le Jeune Homme » : Dominique Guillo
La comtesse de la Roche-Piquet : Danièle Lebrun
Mademoiselle de la Tringle : Delphine Rich
Hortense de Hauteclaire
dite « La Religieuse » : Marie-Christine Rousseau
Madame Cassin : Nathalie Juvet
Sganarelle : André Gille
Marion : Friedericke Laval

Production

Comédie des Champs-Élysées, direction Guy Descaux ;
Maison de la Culture de Loire-Atlantique,
direction Jean-Luc Tardieu ;
avec le concours de la Fondation Jacques Toja pour le théâtre,
et du Conseil Supérieur du Mécénat Culturel.

Le Visiteur

PERSONNAGES
(par ordre d'entrée en scène)

SIGMUND FREUD.
ANNA FREUD, *sa fille*.
LE NAZI.
L'INCONNU.

L'action se passe en un seul acte, en temps réel, le soir du 22 avril 1938, c'est-à-dire entre l'invasion de l'Autriche par les troupes hitlériennes (11 mars) et le départ de Freud pour Paris (4 juin).

La scène représente le cabinet du docteur Freud, au 19 Berggasse, à Vienne. C'est un salon austère aux murs lambrissés de bois sombre, aux bronzes rutilants, aux lourds doubles rideaux. Deux meubles organisent la pièce : le divan et le bureau.

Cependant, délaissant cet extrême réalisme, le décor s'évanouit à son sommet ; au-delà des rayons de la bibliothèque, il s'élève en un magnifique ciel étoilé soutenu, de-ci de-là, par les ombres des principaux bâtiments de la ville de Vienne. C'est un cabinet de savant ouvert sur l'infini.

SCÈNE 1

Freud range lentement ses livres dans la bibliothèque, livres qui ont été jetés à bas par on ne sait quelle violence. Il est âgé mais le regard est vif et l'œil noir. Chez cet être énergique, la vieillesse semble une erreur. Tout au long de la nuit, il toussera discrètement et laissera échapper quelques grimaces : sa gorge, dévorée par le cancer, le fait déjà souffrir.

Anna paraît plus épuisée que son père. Assise sur le sofa, elle tient un volume entre ses mains et bâille en croyant lire. C'est une femme sévère, un peu bas-bleu, un des premiers prototypes de femmes intellectuelles du début du siècle, avec tout ce que cela comporte de légèrement ridicule ; mais elle échappe à sa caricature par ses regards d'enfant et, peint sur son visage, son profond, son très grand amour pour son père.

FREUD. Va te coucher, Anna.

Anna secoue faiblement la tête pour dire non.

FREUD. Je suis sûr que tu as sommeil.

Anna nie en réprimant un bâillement.
On entend alors, un peu plus fort qu'avant, montant de la fenêtre ouverte, les chants d'un groupe de nazis qui passe. Freud s'éloigne instinctivement de la fenêtre.

FREUD *(pour lui-même)*. Si, au moins, ils chantaient mal...

Anna vient de piquer de la tête sur son livre. Tendrement, Freud, passant par-derrière le sofa, l'entoure de ses bras.

Le Visiteur

FREUD. Ma petite fille doit aller dormir.

ANNA *(se réveillant, étonnée).* Où étais-je ?

FREUD. Je ne sais pas... Dans un rêve.

ANNA *(toujours étonnée).* Où va-t-on lorsque l'on dort ? Lorsque tout s'éteint, lorsqu'on ne rêve même pas ? Où est-ce qu'on déambule ? *(Doucement.)* Dis, papa, si nous allions nous réveiller de tout cela, de Vienne, de ton bureau, de ces murs, et d'eux... et si nous apprenions que tout cela, aussi, n'était qu'un songe... où aurions-nous vécu ?

FREUD. Tu es restée une petite fille. Les enfants sont spontanément philosophes : ils posent des questions.

ANNA. Et les adultes ?

FREUD. Les adultes sont spontanément idiots : ils répondent.

Anna bâille de nouveau.

FREUD. Allons, va te coucher. *(Insistant.)* Tu es grande maintenant.

ANNA. C'est toi qui ne l'es plus.

FREUD. Quoi ?

ANNA *(avec un sourire).* Grand.

FREUD *(répondant à son sourire).* Je suis vieux, c'est vrai.

Le Visiteur

ANNA *(doucement).* Et malade.

FREUD *(en écho).* Et malade. *(Comme pour lui-même.)* C'est si peu réel... l'âge, c'est abstrait, comme les chiffres... Cinquante, soixante, quatre-vingt-deux ? Qu'est-ce que cela veut dire ? Ça n'a pas de chair, ça n'a pas de sens, les nombres, ça parle de quelqu'un d'autre. Au fond de soi, on ne sait jamais l'arithmétique.

ANNA. Oublie les chiffres ; eux ne t'oublieront pas.

FREUD. On ne change pas, Anna, c'est le monde qui change, les hommes qui se pressent, les bouches qui chuchotent, et les hivers plus froids, et les étés plus lourds, les marches plus hautes, les livres écrits plus petit, les soupes qui manquent de sucre, l'amour qui perd son goût... c'est une conspiration des autres car au fond de soi on ne change pas. *(Bouffonnant brusquement.)* Vois-tu, le drame de la vieillesse, Anna, c'est qu'elle ne frappe que des gens jeunes ! *(Anna bâille.)* Va te coucher.

ANNA *(agacée par les chants).* Comment font-ils pour être si nombreux à crier dans les rues ?

FREUD. Ce ne sont pas des Viennois. Les Allemands amènent des partisans par avions entiers et ils les lâchent sur les trottoirs. *(Obstiné.)* Il n'y a pas de nazis viennois.

Il tousse assez durement. Anna fronce les sourcils.

Le Visiteur

ANNA. Non, il n'y a pas de nazis viennois... Mais j'ai vu ici des pillages et des humiliations bien pires qu'en Allemagne. J'ai vu les SA traîner un vieux couple d'ouvriers dans la rue pour les forcer à effacer sur les trottoirs d'anciennes inscriptions en faveur de Schuschnigg. La foule hurlait : « Du travail pour les juifs, enfin du travail pour les juifs ! » « Remercions le Führer qui donne leur vrai travail aux juifs ! » Plus loin, on battait un épicier devant sa femme et ses enfants... Plus loin les corps des juifs qui s'étaient jetés par la fenêtre en entendant les SA monter leurs escaliers... Non, père, tu as raison, il n'y a pas de nazis viennois... il faudrait inventer un nouveau terme pour l'immonde !

Freud est pris d'une quinte de toux encore plus douloureuse.

ANNA. Signe le papier, papa, que nous puissions partir !

FREUD. Ce papier est infâme.

ANNA. Grâce à tes appuis de l'étranger, nous avons la chance de pouvoir quitter Vienne, et officiellement. Dans quelques semaines, il faudra fuir. N'attends pas que cela devienne impossible.

FREUD. Mais Anna, la solidarité ?

ANNA. Solidarité avec les nazis ?

Le Visiteur

FREUD. Avec nos frères, nos frères d'ici, nos frères qu'on vole, qu'on humilie, qu'on réduit à néant. C'est un privilège odieux que de pouvoir partir.

ANNA. Tu préfères être un juif mort ou bien un juif vivant ? S'il te plaît, papa, signe.

FREUD. Je verrai. Va te coucher.

Anna secoue négativement la tête.

FREUD. Tête de bois.

ANNA. Tête de Freud.

FREUD *(regardant par la fenêtre et changeant de ton, rompant l'espèce de badinage tendre qui liait le père à sa fille).* Tu me traites comme un condamné à mort.

ANNA *(très vite).* Papa...

FREUD. Et tu as raison : nous sommes tous des condamnés à mort et moi je pars avec le prochain peloton. *(Il se retourne vers elle et s'approche.)* Ce ne sont pas les nazis ou le destin de l'Autriche qui te font rester ici chaque soir ; tu t'attaches à moi comme si j'allais m'évanouir d'une minute à l'autre, tu tressailles dès que je tousse, déjà tu me veilles. *(Il l'embrasse sur le front.)* Mais... ne sois pas trop douce, ma fille. Ne vous montrez pas trop tendres, ni ta mère, ni toi, sinon, je... je vais... m'incruster... ne me rends pas le départ trop difficile.

Le Visiteur

Anna a compris et se lève.

ANNA. Bonsoir papa. Je crois que j'ai sommeil.

Elle s'approche et tend son front. Freud va pour l'embrasser.

SCÈNE 2

On entend frapper durement à la porte. Bruits de bottes derrière le battant.
Sans attendre de réponse, le Nazi fait irruption.

LE NAZI. Gestapo ! *(Parlant derrière lui à ses hommes.)* Restez là, vous autres.

Les yeux de Freud luisent de colère.
Le Nazi fait le tour du propriétaire en prenant son temps.

LE NAZI. Une petite visite amicale, docteur Freud... *(Regardant la bibliothèque.)* Je vois que nous avons commencé à ranger nos livres. *(Se voulant fin et ironique.)* Désolé de les avoir tant bousculés la dernière fois...

Il en fait tomber d'autres.

FREUD *(sur le même ton)*. Je vous en prie : c'était un plaisir d'avoir à traiter avec de véritables érudits.

Le Visiteur

Le Nazi laisse traîner son regard méfiant sur les rayons.

ANNA. Qu'est-ce que vous en avez fait, cette fois-ci ? Vous les avez brûlés, comme toutes les œuvres de mon père ?

FREUD. Ne sous-estime pas le progrès, Anna ! Au Moyen Âge, ils m'auraient brûlé ; à présent, ils se contentent de brûler mes livres.

LE NAZI *(entre ses dents).* Il n'est jamais trop tard pour bien faire.

Anna a, d'instinct, un geste protecteur pour son père.

FREUD *(toujours ironique, ne se laissant pas impressionner).* Avez-vous trouvé ce que vous cherchiez ? Des documents antinazis, n'est-ce pas ? Ils ne se cachaient pas dans les volumes que vous avez emportés ? *(Le Nazi a un geste d'impatience. Freud prend la mine de celui qui comprend.)* Je vous dois une confidence : effectivement, vous n'auriez su les dénicher là... car... *(Il baisse la voix.)* ...les documents antinazis les plus importants sont conservés... si, si... *(Intéressé, le Nazi s'approche.)* ...je vais vous le dire... *(Prenant son temps.)* ...ils sont conservés... *(Freud désigne son crâne.)* ...ici !

ANNA *(montrant son cœur).* Et là !

Le Nazi les toise de façon menaçante.

Le Visiteur

LE NAZI. Humour juif, je présume ?

FREUD *(poursuivant sa provocation)*. C'est vrai : je ne savais plus que j'étais juif, ce sont les nazis qui me l'ont rappelé. Ils ont bien fait ; c'est une aubaine de se retrouver juif devant des nazis. D'ailleurs, si je ne l'avais pas déjà été, j'aurais voulu le devenir. Par colère ! Méfiez-vous : vous allez déclencher des vocations.

Le Nazi fait alors tomber sciemment quelques livres de plus.

FREUD. Anna, va chercher l'argent.

LE NAZI *(subitement détendu, avec un sourire de carnassier)*. Comme vous me connaissez bien, docteur Freud !

FREUD. Ce n'est pas très difficile.

ANNA. Mais père, il n'y a plus d'argent.

FREUD. Le coffre-fort.

Il indique le fond de la pièce. Anna s'y rend, soulève le tableau puis ouvre le coffre-fort qui se trouve derrière. Freud, au Nazi, sur le ton d'une politesse très mondaine.

FREUD. Vous n'y aviez pas pensé ?

LE NAZI. Ces chiens de juifs ont toujours un os enterré quelque part.

FREUD. Plaignez-vous.

Le Visiteur

ANNA *(à son père).* Pourquoi leur donner encore de l'argent ?

FREUD. Pour avoir la paix.

ANNA. Alors je ne conçois pas ce que serait la guerre.

FREUD. Fais-leur confiance : ils ont plus d'imagination que toi.

ANNA *(au Nazi, en posant l'argent sur la table).* Prenez.

LE NAZI. Il y a combien ?

FREUD. Six mille schillings.

LE NAZI. Mazette !

Sifflement admiratif.

FREUD. N'est-ce pas ? Vous pouvez être fier de vous : moi, je n'ai jamais gagné autant en une seule séance.

LE NAZI *(saisissant la somme).* Ce qui me dégoûte, chez vous, les juifs, c'est que vous ne résistez même pas.

ANNA *(ne pouvant plus contenir sa colère, explose).* Maintenant que vous avez votre argent, vous vous taisez et vous partez.

LE NAZI *(sur un sursaut).* Pardon ?

ANNA. Cela suffit, maintenant ! Décampez, et dites à vos sales bonshommes de ne pas traîner

Le Visiteur

leurs fusils par terre comme la dernière fois. Émilie a passé trois jours à récupérer le parquet.

LE NAZI. Dis, la youpine, à qui crois-tu parler ?

ANNA. Ne me le demande pas !

FREUD. Anna !

Le Nazi va pour frapper Anna quand Freud s'interpose entre eux. Mais rien ne peut arrêter la fureur d'Anna.

FREUD. Anna !

ANNA *(à son père)*. Parce qu'un imbécile se met à crier avec d'autres imbéciles, il faudrait se laisser faire ?

FREUD. Anna !

ANNA. Papa, as-tu vu comme ses bottes brillent ? Du marbre noir. Sûr qu'il doit passer des heures à les astiquer, ses bottes ! *(Au Nazi.)* Tu te sens heureux, n'est-ce pas, quand, après les avoir couvertes de cirage, tu les fais reluire avec tes premiers coups de brosse ?

LE NAZI. Mais...

ANNA. Ensuite tu passes le chiffon, tu frottes, tu frottes, elles luisent, elles s'arrondissent ; et plus elles brillent, plus tu te sens soulagé. Depuis combien de temps n'as-tu pas fait l'amour ? Auprès des femmes, n'est-ce pas, tu as beaucoup plus de mal à te faire reluire ?

Le Visiteur

LE NAZI. Je l'emmène !

ANNA. Ah bon ?

LE NAZI. A la Gestapo !

ANNA. Il veut que je lui en raconte d'autres, il a besoin qu'on lui parle de lui... Tu veux que je t'explique pourquoi tu passes, chaque matin, dix bonnes minutes à te faire la raie au milieu, presque cheveu par cheveu. Et ta manie du repassage ! Et tes ongles que tu manges ! Tu veux que je t'explique pourquoi tu méprises les femmes et bois de la bière avec les hommes ?

LE NAZI *(la prend par le bras).* A la Gestapo !

FREUD. Ne faites pas ça ! Ne faites pas ça !

ANNA. Laisse, père ! Pourquoi aurais-je peur d'une telle bande de lâches ?...

LE NAZI. Tu sais ce qu'il peut t'en coûter de parler ainsi ?

ANNA. Mieux que toi, visiblement. J'ai l'impression que vous prenez bien trop d'initiatives, pour un simple inspecteur de la Gestapo. Vous devriez vous rappeler que nous avons des soutiens dans le monde entier, que Roosevelt et même Mussolini sont intervenus auprès de votre Führer pour nous défendre et exiger qu'on nous laisse partir.

Le Nazi s'approche, la main relevée, pour la frapper.

Le Visiteur

FREUD. Ma petite fille !

ANNA *(soutenant l'assaut).* Tu n'es qu'un pion, inspecteur, et un pion qui connaît mal les règles du jeu ! Tu ne sais pas que nous partons ? Le monde entier sait que nous partons.

LE NAZI. A la Gestapo ! Je l'emmène à la Gestapo !

ANNA. C'est cela, va grossir le troupeau : tu te sentiras plus fort.

LE NAZI *(à Freud).* Regarde-la bien une dernière fois, le juif.

ANNA. Ne t'inquiète pas, papa. Ils te font peur parce qu'il est trop tard, ils ne peuvent plus rien contre nous.

LE NAZI. Ah oui ? Elle est laide et elle se croit intelligente ! Tu as vraiment bien réussi ta fille, le juif.

Il emmène Anna en la tirant violemment par le bras.

ANNA *(en disparaissant).* Le papier, papa, signe simplement le papier ! Et ne dis rien à maman. Mais signe le papier, sinon nous n'obtiendrons jamais le visa de sortie. *(Se dégageant de l'étreinte du Nazi.)* Lâchez-moi ! Je vous suis...

Ils disparaissent. Le Nazi claque la porte.

Le Visiteur

SCÈNE 3

FREUD *(effaré, répétant machinalement).* Le papier, le papier ! Anna !... Anna...

Il fait un violent effort pour se calmer. Il s'essuie le front et s'approche du bureau où règne un certain désordre. Toujours machinalement, mais plus paisible :

FREUD. Le papier...

Il est alors traversé par une idée. Il prend le téléphone et, sans hésiter, forme un numéro.

FREUD. Allô, l'ambassade des États-Unis ? Professeur Freud à l'appareil. Pouvez-vous me passer monsieur Wiley ? Freud ! C'est urgent ! *(Un temps.)* Allô, monsieur l'ambassadeur ? Freud à l'appareil. Ils viennent d'emmener Anna... ma fille... mais la Gestapo ! Faites quelque chose, je vous en prie, faites quelque chose... oui, oui je vous promets, je signerai ce papier... oui, vous me rappelez !

Il raccroche, angoissé. Puis il dit, trop tard, au combiné reposé :

FREUD. Merci.

Le Visiteur

Il se souvient alors de ce que lui ont demandé Anna et l'ambassadeur...

FREUD. Le papier... le papier...

Il trouve le courrier en question et s'assied derrière son bureau. Il le relit.

FREUD. « Je soussigné, professeur Freud, confirme qu'après l'Anschluss de l'Autriche avec le Reich allemand, j'ai été traité par les autorités allemandes, et la Gestapo en particulier, avec tout le respect et la considération dus à ma réputation scientifique, que j'ai pu vivre et travailler en pleine liberté, que j'ai pu continuer à poursuivre mes activités de la façon que je souhaitais, que j'ai pu compter dans ce domaine sur l'appui de tous, et que je n'ai pas la moindre raison de me plaindre. »

Avec un soupir, il va pour signer lorsqu'il est pris d'une inspiration soudaine. Il ajoute sur un ton noir et ironique :

FREUD. « *Post-scriptum* : Je puis cordialement recommander la Gestapo à tous. »

Il se dispose à signer, prend son stylo mais, au dernier moment, crie « Non ! » et s'y refuse. Il se prend la tête entre les mains, désespéré.

Le Visiteur

SCÈNE 4

L'Inconnu repousse les doubles rideaux et apparaît brusquement. On ne l'a pas vu passer le rebord de la fenêtre. Sa venue doit sembler à la fois naturelle et mystérieuse.
Il est élégant, un peu trop même : frac, gants, cape, canne à pommeau, on dirait un dandy qui sort de l'Opéra.
Il regarde Freud avec sympathie.
Celui-ci, se sentant observé, se retourne.

L'INCONNU *(très naturellement)*. Bonsoir.

Freud se lève brusquement, s'appuyant sur le bureau.

FREUD. Quoi ! Qui êtes-vous ? *(Silence.)* Que voulez-vous ? *(L'Inconnu sourit mais ne répond toujours pas.)* Par où êtes-vous entré ? *(L'Inconnu reste aimable et silencieux.)* Que venez-vous faire ici ? *(Croyant comprendre qu'il s'agit d'un voleur.)* Il n'y a plus d'argent, vous arrivez trop tard.

L'INCONNU *(avec une moue)*. Je vous préférais lorsque vous posiez des questions.

FREUD. Qui êtes-vous ?

L'Inconnu sourit, peu disposé à répondre.
Freud, n'y tenant plus, ouvre alors le tiroir de son

Le Visiteur

bureau et en extrait un revolver. Mais, au moment de le pointer vers l'Inconnu, il se sent un peu ridicule et le garde entre ses mains.

FREUD *(articulant très distinctement).* Qui êtes-vous ?

L'INCONNU *(légèrement).* Vous ne me croiriez pas. Et ce n'est pas ce jouet qui vous y aidera. *(L'Inconnu s'approche du sofa et s'y laisse élégamment tomber.)* Causons, voulez-vous ?

FREUD *(posant l'arme).* Monsieur, je ne parle pas à un homme qui entre chez moi par effraction et refuse de se présenter.

L'INCONNU *(se levant).* Très bien, puisque vous insistez...

Il va prestement derrière le rideau, y disparaît deux secondes. Il en ressort essoufflé, les vêtements en désordre. Voyant Freud et semblant le découvrir, il se précipite vers lui, tombe à ses pieds.

L'INCONNU. Monsieur, monsieur, je vous en prie, sauvez-moi ! Sauvez-moi, ils me poursuivent. *(Il joue à la perfection.)* Ils sont là, derrière moi... *(Il court à la fenêtre et semble apercevoir des hommes en bas.)* La Gestapo ! Ils m'ont vu. Ils entrent dans l'immeuble ! *(Il se jette à nouveau aux pieds de Freud.)* Sauvez-moi, ne dites rien !

FREUD *(un instant pris au jeu).* La Gestapo ?

Le Visiteur

L'INCONNU *(le suppliant de manière trop théâtrale).* Cachez-moi ! Cachez-moi !

FREUD *(dégrisé, le repoussant assez violemment).* Laissez-moi tranquille !

L'INCONNU *(cessant subitement son jeu).* N'avez-vous pas de pitié pour une victime ?

FREUD. Pour une victime, oui ; pas pour un simulateur.

L'Inconnu se relève.

L'INCONNU. Alors ne me demandez pas de vous raconter des histoires.

FREUD *(se ressaisissant et parlant avec autorité).* Écoutez, je peux faire deux hypothèses pour expliquer votre irruption ici : soit vous êtes un voleur, soit vous êtes un malade. Si vous êtes un voleur, vos confrères de la Gestapo sont passés avant vous sans vous laisser une miette. Si vous êtes un malade, vous...

L'INCONNU. Quelle serait la troisième hypothèse ?

FREUD. Vous n'êtes pas un malade ?

L'INCONNU *(à qui ce mot est désagréable).* Malade, le vilain mot, comme un coup de main que la santé donnerait à la mort !

FREUD. Et pourquoi viendriez-vous, sinon ?

L'INCONNU *(mentant).* On peut trouver bien d'autres raisons : la curiosité, l'admiration.

Le Visiteur

FREUD *(haussant les épaules).* C'est ce que disent tous mes malades !

L'INCONNU *(mentant).* Je viens peut-être pour quelqu'un d'autre...

FREUD *(idem).* C'est ce qu'ils disent ensuite.

L'INCONNU *(agacé).* Bon... eh bien même, admettons que j'ai besoin de vous... que me proposez-vous ?

FREUD. De prendre rendez-vous ! *(Le poussant vers la porte.)* A bientôt, monsieur, à une heure qui nous conviendra à tous deux et dont nous aurons décidé tous les deux. A dans quelques jours.

L'INCONNU *(l'arrêtant).* Impossible. Car demain, je ne serai plus là, et dans huit semaines, vous non plus.

FREUD. Pardon ?

L'INCONNU. Vous serez à Paris, chez la princesse Bonaparte... puis à Londres, à Maresfield Gardens... si ma mémoire est bonne...

FREUD. Maresfield Gardens ?... mais... vous pouvez dire ce que vous voulez, je n'en sais rien... je n'ai rien prévu...

L'INCONNU. Si, si. Vous y serez bien. Vous aimerez le printemps londonien, vous serez fêté, et vous parviendrez à finir votre livre sur Moïse.

FREUD. Je vois que vous lisez la presse scientifique.

Le Visiteur

L'INCONNU. Comment l'appellerez-vous, déjà ? *Moïse et le monothéisme.* Je préfère d'ailleurs ne pas vous dire ce que j'en pense.

FREUD *(l'interrompant).* Je n'ai pas encore choisi le titre ! *(Répétant pour lui-même, intéressé par la proposition de l'Inconnu.) Moïse et le monothéisme...* pourquoi pas ? la suggestion est b... Vous vous intéressez à la psychanalyse ?

L'INCONNU. A vous seulement.

FREUD. Qui êtes-vous ?

L'INCONNU *(reprenant son évocation précédente).* Mais le plus étrange est que vous regretterez Vienne.

FREUD *(violemment).* Sûrement pas.

L'INCONNU. On ne savoure le goût du fruit qu'après l'avoir mangé ; et vous êtes de ces hommes qui n'ont de paradis que perdu. Oui, vous regretterez Vienne... Et vous la regrettez déjà puisque, depuis un mois, vous refusez de partir.

FREUD. C'était par optimisme. Je croyais que la situation allait s'arranger.

L'INCONNU. C'était par nostalgie. Vous avez joué en culottes courtes dans le Prater, vous avez proclamé vos premières théories dans les cafés, vous avez marché, enlacé à votre premier amour, le long du Danube, puis vous avez voulu mourir

Le Visiteur

dans ses eaux glauques... A Vienne, c'est votre jeunesse que vous laissez. A Londres, vous ne serez qu'un vieillard. *(Très vite, pour lui-même.)* Et comme je vous envie pourtant...

FREUD. Qui êtes-vous ?

L'INCONNU. Vous ne me croiriez pas.

FREUD *(pour en finir avec l'incertitude).* Alors sortez !

L'INCONNU. Comme vous devez être las du monde pour vous débarrasser si tôt de moi. Je vous aurais cru plus accueillant envers les malades, docteur Freud. Vous me mettez dehors. Est-ce comme cela qu'on traite un névrosé ? Lorsque vous êtes le seul recours ? Imaginez que je vous quitte pour aller me jeter sous une voiture ?

Freud, sincèrement surpris par son comportement, se laisse choir sur le sofa.

FREUD. Vous tombez mal, ce soir, il n'y a plus de docteur Freud... Guérir les autres... Croyez-vous que soigner les hommes m'empêche, moi, de souffrir ? Il est même des soirs où j'en veux presque aux autres de les avoir sauvés ; je suis si seul, moi, avec ma peine. Sans recours...

L'INCONNU. Elle reviendra. *(Freud a un geste interrogatif.)* Anna. Ils la garderont peu de temps. Ils savent très bien qu'ils ne peuvent pas la garder.

Le Visiteur

Et vous la tiendrez dans vos bras, lorsqu'elle reviendra, et vous l'embrasserez avec ce bonheur qui n'est pas loin du désespoir, avec ce sentiment que la vie ne tient qu'à un fil, un fil si étroit, si mince, et que le fil se trouve, provisoirement, retendu... c'est cette fragilité-là qui donne la force d'aimer...

FREUD. Qui êtes-vous ?

L'INCONNU. J'aimerais tellement vous le dire quand je vous vois comme cela.

Il a un geste pour lui caresser les cheveux.
Freud, surpris, réagit en prenant une décision. Il se lève énergiquement. On voit qu'en lui le praticien renaît.

FREUD. Avez-vous besoin de moi ?

L'INCONNU *(légèrement surpris)*. Oui. Non. C'est-à-dire... j'ai été ridicule... l'optimisme m'avait brouillé la tête... en vérité, il me paraît douteux...

FREUD. ...que je puisse vous aider. Naturellement ! *(Jubilant par habitude.)* Ils se croient tous uniques quand la science présuppose le contraire. Je vais m'occuper de vous puisque, de toute façon, cette nuit, il faut attendre. *(Il relève la tête vers l'Inconnu.)* C'est curieux, je n'ai pas très envie de vous ménager.

L'INCONNU. Vous avez raison.

Le Visiteur

FREUD *(se frottant les mains).* Soit. Commençons. *(On le voit ragaillardi.)* Très bien, allongez-vous là. *(Il indique le sofa. L'Inconnu s'exécute.)* Quel est votre nom ?

L'INCONNU. Sincèrement ?

FREUD. C'est la règle. *(Patient.)* Quel est votre nom ? Le nom de votre père.

L'INCONNU. Je n'ai pas de père.

FREUD. Votre prénom.

L'INCONNU. Personne ne m'appelle.

FREUD *(agacé).* Avez-vous confiance en moi ?

L'INCONNU. Parfaitement ; c'est vous qui ne me croyez pas.

FREUD. Bon, changeons de méthode. Racontez-moi un rêve... votre dernier rêve.

L'INCONNU. Je ne rêve jamais.

FREUD *(diagnostiquant).* Verrouillage de la mémoire par la censure : le cas est sérieux mais classique. Racontez-moi une histoire.

L'INCONNU. N'importe quelle histoire ?

FREUD. N'importe quelle histoire.

L'Inconnu regarde alors fixement Freud, comme s'il sondait son âme. Il semble un instant puiser sa force dans le regard de Freud, puis se met à parler.

Le Visiteur

L'INCONNU. J'avais cinq ans, et à cette époque le ciel avait toujours été bleu, le soleil jaune, et les bonnes chantaient du matin au soir en laissant échapper de leurs seins entrouverts un parfum de vanille.

Et puis un jour je restai seul dans la cuisine de la maison.

C'était une vaste pièce dont tous les meubles étaient collés aux murs, agrippés, comme pour fuir l'immense espace vide où les carreaux blancs et rouges dessinaient des chemins fuyant de toutes parts. D'ordinaire, c'était mon terrain d'aventures : à quatre pattes, on pouvait courir entre les jambes des domestiques, récupérer des bouts de lard ou lécher des fonds de plats à gâteaux... Pourquoi tout le monde était-il sorti ce jour-là ? Je ne sais pas, c'est une question d'adulte, je ne l'avais pas remarqué, j'étais là, assis sur les carreaux rouge brûlé et blanc perdu.

Chaque carreau révélait un monde ; il n'y a que pour les adultes que les carreaux constituent platement un sol ; pour un enfant, chaque carreau a sa physionomie particulière. Celui-ci, dans le relief de ses irrégularités et la variation de ses coulées, racontait l'histoire d'un dragon qui se tenait, la gueule ouverte, au fond d'une grotte ; un autre montrait une procession de pèlerins ; un autre un visage derrière une vitre tachée de boue, un autre... La cuisine était un monde immense où

Le Visiteur

venaient affleurer d'autres mondes, montant d'ailleurs, par les yeux borgnes des carreaux.

Et puis soudain, j'ai appelé. Je ne sais pas pourquoi. Peut-être pour m'entendre exister, et pour voir arriver quelqu'un. J'ai appelé. Il n'y eut que le silence. *(Freud semble de plus en plus frappé par ce récit.)* Les carreaux devinrent plats. Ils se taisaient.

Le fourneau s'était endormi. La cheminée, où d'habitude ronronnait toujours une casserole, semblait morte.

Freud, le regard fixé dans le souvenir, bouge les lèvres en même temps que l'Inconnu.

L'INCONNU. Et je criais.

Et ma voix montait au premier, au second, retentissait entre les murs vides où il n'y avait nulle oreille pour l'entendre.

FREUD *(continuant, comme s'il connaissait le texte).* Et ma voix montait, montait... et l'écho ne m'en revenait que pour faire mieux entendre le silence.

L'INCONNU *(poursuivant sans interruption).* La cuisine était devenue étrangère, une juxtaposition de choses et d'objets, un sol bien propre.

FREUD. Le monde et moi, nous étions séparés désormais. Alors j'ai pensé...

FREUD ET L'INCONNU *(l'Inconnu prononce en même temps que lui les mots sur ses lèvres).* « Je suis

Le Visiteur

Sigmund Freud, j'ai cinq ans, j'existe ; il faudra que je me souvienne de ce moment-là. »

Un temps. Freud se retourne lentement vers l'Inconnu.

L'INCONNU *(continuant sur le même ton songeur).* Et tu as pensé aussi, mais sans le formuler cette fois-ci : « Et la maison est vide quand je crie et je pleure. Personne ne m'entend. Et le monde est cette vaste maison vide où personne ne répond lorsqu'on appelle. » *(Un temps.)* Je suis venu te dire que c'est faux. Il y a toujours quelqu'un qui t'entend. Et qui vient.

Freud regarde l'Inconnu avec effarement.
Puis il s'approche de lui, le touche.
Sentant qu'il est réel, il recule.

FREUD. C'est impossible. On vous aura renseigné. Vous êtes allé à la Gestapo, vous avez lu mes papiers.

L'INCONNU. Pourquoi ? Avez-vous déjà écrit cela ?

FREUD *(un temps).* Non. Ni même raconté. *(Un temps.)* Vous venez de l'inventer !

L'Inconnu ne répond pas.
Désarçonné quelques instants, tenant à douter, Freud trouve une idée.

FREUD. Ne bougez pas. *(Il attrape son pendule sur la table.)* Allongez-vous, oui, là, couchez-vous.

Le Visiteur

L'Inconnu se laisse faire.
Freud place son pendule devant le visage de l'Inconnu en l'agitant lentement d'un mouvement de balancier.

FREUD. Vous êtes fatigué, vous vous laissez aller, vous...

L'INCONNU *(amusé)*. L'hypnose, docteur ? Je croyais que vous aviez abandonné cette méthode depuis des années.

FREUD. Lorsque le sujet est trop crispé pour accepter l'échange, rien ne vaut mon vieux pendule. *(Continuant la manœuvre sur un ton persuasif.)* Vos paupières se font de plus en plus lourdes... il faut dormir... vous essayez de lever le bras gauche mais ne le pouvez pas... vous êtes si fatigué, si las. Il faut dormir. Dormir, il le f...

L'Inconnu s'est endormi.
Pendant tout le temps de l'hypnose, une étrange musique, indéfinissable, très douce, va désormais baigner la scène d'irréalité. Le ton de l'Inconnu va devenir lui-même musical lorsqu'il répondra aux questions de Freud.

FREUD. Qui êtes-vous ?

L'INCONNU. C'est pour ses semblables que l'on possède un nom. Moi, je suis seul de mon espèce.

FREUD. Qui sont vos parents ?

Le Visiteur

L'INCONNU. Je n'ai pas de parents.

FREUD. Sont-ils morts ?

L'INCONNU. Je suis orphelin de naissance.

FREUD. Vous n'avez aucun souvenir d'eux ?

L'INCONNU. Je n'ai aucun souvenir.

FREUD. Pourquoi ne voulez-vous pas avoir de souvenirs ?

L'INCONNU. Je voudrais avoir des souvenirs. Je n'ai pas de souvenirs.

FREUD. Pourquoi voulez-vous oublier ?

L'INCONNU. Je n'oublie jamais rien, mais je n'ai pas de souvenirs.

FREUD. Quand avez-vous connu Sigmund Freud ?

L'INCONNU. La première fois qu'il s'est fait entendre à moi, il a dit : « Je suis Sigmund Freud, j'ai cinq ans, j'existe ; il faudra que je me souvienne de ce moment-là. » J'ai écouté cette petite voix frêle et enrhumée de larmes qui montait au milieu des clameurs du monde.

FREUD. Mais Sigmund Freud est plus vieux que vous. Quel âge avez-vous ?

L'INCONNU. Je n'ai pas d'âge.

FREUD. Vous ne pouviez pas entendre Sigmund Freud, vous n'étiez pas encore né.

L'INCONNU. C'est vrai : je ne suis pas né.

Le Visiteur

FREUD. Où étiez-vous lorsque vous avez entendu sa voix ?

L'INCONNU. Nulle part. Ce n'est ni loin, ni près, ni même ailleurs. C'est... inimaginable, car on n'imagine qu'avec des images, or là, il n'y a plus rien, ni prairies, ni nuages, ni étendues d'azur, rien... Où êtes-vous lorsque vous rêvez ?

FREUD. C'est moi qui pose les questions. Où sont les hommes, là où vous êtes ?

L'INCONNU. En moi, mais nulle part, comme sont en eux les songes.

FREUD. Où êtes-vous, ce soir ?

L'INCONNU. A Vienne, en Autriche, le 22 avril 1938, au 19 Berggasse, dans le bureau du docteur Freud.

FREUD. Qui est le docteur Freud ?

L'INCONNU. Un humain qui a brassé beaucoup d'hypothèses, autant de vérités que d'erreurs, un génie en somme.

FREUD. Pourquoi lui ?

L'INCONNU. Les voyants ont les yeux crevés et les prophètes un cancer à la gorge. Il est très malade.

FREUD. Mourra-t-il bientôt ?

L'INCONNU. Bientôt.

FREUD. Quand ?

Le Visiteur

L'INCONNU. Le 23 sept... *(Ouvrant subitement les yeux.)* Désolé, docteur, je ne réponds pas à ce genre de questions.

La musique a brusquement cessé.

FREUD *(interloqué à la fois par le réveil soudain et la réponse de l'Inconnu).* Mais... on ne sort pas d'hypnose comme cela... vous...

L'INCONNU. Si je réponds à votre question, vous seriez capable de mourir ce jour-là, uniquement par complaisance. Je me sentirais responsable.

Il se lève et gambade dans la pièce.

FREUD *(pour lui-même).* Je deviens fou.

L'INCONNU. La sagesse consiste souvent à suivre sa folie plutôt que sa raison. *(Il secoue ses membres.)* C'est amusant d'avoir un corps, mais qu'est-ce que l'on s'ankylose vite ! J'en avais perdu l'habitude. *(Se regardant dans la glace.)* Comment me trouvez-vous ? C'est amusant, cette figure, n'est-ce pas ? Je me suis fait la tête d'un acteur qui naîtra après votre mort.

FREUD *(spontanément).* Vous êtes beau.

L'INCONNU *(sincèrement surpris, il se penche vers le miroir).* Ah bon ? Cela n'a pourtant aucun rapport avec ce que je suis.

FREUD *(s'approchant aussi du miroir).* Croyez-vous que je me reconnaisse, moi, dans le vieillard barbu

Le Visiteur

qui m'attend dans les glaces ? Je m'y habitue mais je ne m'y retrouve pas...

L'INCONNU. Vous n'aimez pas votre image ?

FREUD. Parce que la bouche bouge en face de ma bouche et la main répond à ma main, je me dis : « c'est moi ». Mais « moi », ce n'est ni ce front plissé, ni ces sourcils poivre et sel, ni ces lèvres chaque jour plus sèches et raides ; mon front a été lisse, j'ai eu les cheveux châtains ; mais alors c'était pareil ; je... j'aurais pu ne pas être ce corps-là.

L'INCONNU. Comme c'est étrange ; vous décrivez ce que je ressens moi-même chaque fois que je m'incarne. Je n'aurais jamais pensé qu'il pût en être de même pour vous, les hommes.

FREUD *(le regard toujours dans la glace, un temps, contemplant l'Inconnu)*. Vous m'excuserez : je ne peux pas croire que c'est vous.

L'INCONNU. Je le sais. Tu ne crois pas en moi. Le docteur Freud est un athée, un athée magnifique, un athée qui convertit, un catéchumène de l'incroyance.

FREUD. Pourquoi moi ? Pourquoi ne pas aller chez un curé ou un rabbin ?

L'INCONNU *(léger)*. Rien de plus ennuyeux que la conversation d'un admirateur. Et puis...

FREUD. Et puis ?

Le Visiteur

L'INCONNU. Je ne suis pas sûr qu'un prêtre me remettrait mieux que vous. Ces gens-là se sont tellement accoutumés à parler en mon nom, agir pour moi, conseiller à ma place... j'ai l'impression de gêner.

On entend des bruits de bottes et des appels dans la rue.

FREUD. Pourquoi moi ? *(Un temps.)* Pour me convertir ?

L'INCONNU *(riant)*. Quel orgueil ! Non. C'est trop tard. Dans quelques mois, tu publieras ton *Moïse*... Je ne t'ai pas converti.

FREUD. Je vous vois.

L'INCONNU. Tu vois un homme, et rien d'autre.

FREUD. Vous êtes apparu brusquement.

L'INCONNU. J'ai pu entrer par la fenêtre.

FREUD. Vous saviez que la Gestapo avait emmené Anna.

L'INCONNU. Tout l'immeuble le sait.

FREUD. Vous jouez. Comment auriez-vous pu me raconter ce que j'ai vécu lorsque j'avais cinq ans ?

L'INCONNU. Te crois-tu si unique ? Il y a des hommes qui ont le pouvoir de raconter des histoires que chacun croit être siennes : ce sont les écrivains. Peut-être ne suis-je pas Dieu, mais seu-

Le Visiteur

lement un bon écrivain ?... Tu n'es sans doute pas le seul petit bonhomme à avoir, un jour, les jambes écartées sur les carreaux de la cuisine, pris conscience qu'il existait.

FREUD *(balayant toutes ces objections par un accès de mauvaise humeur).* Je sais à quoi m'en tenir !

L'INCONNU *(s'approchant de manière inquiétante).* Comme c'est étrange, mon bon Freud, on dirait que, subitement, tu voudrais croire... te vautrer dans la certitude... *(Subitement.)* Quel âge avais-tu quand il est mort ?

FREUD. Qui ?

L'INCONNU. Ton père ?

FREUD. Quarante ans.

L'INCONNU. Ne fais pas semblant de ne pas comprendre : quel âge avais-tu lorsqu'il est mort dans ta tête ?

FREUD *(n'ayant pas envie de répondre).* C'est si loin...

L'INCONNU. Allons, tu devais avoir treize ans peut-être, treize ans de cette vie-ci, quand tu t'es rendu compte que ton père pouvait se tromper, que lorsqu'il se trompait, même, il s'entêtait dans son erreur, et que ce que tu avais cru être l'autorité du juste n'était que la mauvaise foi de l'ignorant. Et tu as constaté qu'il avait des faiblesses, qu'il pouvait être timide, redouter des démarches, craindre ses voisins, sa femme... Et tu t'es rendu compte que ses principes n'étaient peut-être pas « les » principes éternels comme le soleil derrière les nuages, mais simplement les siens, comme ses vieilles pantoufles, des principes parmi d'autres, de simples phrases qu'il s'acharnait à répéter, comme si leur rabâchage pouvait leur conférer la fermeté du vrai. Et tu t'es rendu compte qu'il prenait de l'âge, que ses bras devenaient flasques, sa peau brune, que son dos s'arrondissait, et que sa pensée elle-même avançait à tâtons. Bref, il y eut un jour où tu as su que ton père n'était qu'un homme.

FREUD. J'ai grandi ce jour-là.

L'INCONNU. Vraiment ? C'est ce jour-là que, plus enfant qu'enfant, tu t'es tourné vers Dieu. Tu as voulu croire, Freud, par dépit amoureux. Tu as voulu remplacer ton père naturel par un père surnaturel. Tu l'as mis dans les nuages.

FREUD. Mais...

L'INCONNU. Ne dis pas le contraire, c'est ce que tu as raconté toi-même dans tous tes livres. Puisque le père terrestre était mort, tu l'as projeté au ciel. C'est l'origine de l'idée de Dieu selon toi : l'homme fabrique Dieu parce qu'il a trop envie d'y croire. Une invention des hommes. Le besoin crée l'objet. *(Fort.)* Je ne serais donc qu'une satisfaction hallucinatoire ? ! *(Criant.)* N'est-ce pas ?

Le Visiteur

FREUD *(faiblement)*. C'est cela.

L'INCONNU. Alors, si tu as raison, Freud, tu rêves debout en ce moment. Rien d'autre. Je ne suis qu'un fantasme !

On entend une cavalcade dans l'immeuble, des soldats qui crient.

L'INCONNU. Car ce soir, parce que tu es vieux, parce qu'ils ont pris ta fille, parce qu'ils te chassent, te revoilà tout petit et tu aurais besoin d'un père. Alors le premier inconnu qui pénètre chez toi de manière un peu incompréhensible et qui parle bien l'obscur, il fait l'affaire, tu oublies tout ce que tu dénonces et tu crois.

Les bruits se rapprochent.

FREUD. Jamais un homme ne m'aurait dit ce que vous avez dit tout à l'heure, sous hypnose.

A ce moment-là, on frappe fermement à la porte. Stupidement, Freud regarde l'Inconnu avec effroi, comme pour lui demander ce qui se passe.

L'INCONNU *(chuchotant)*. Eh bien, répondez.

L'Inconnu se précipite derrière le rideau. Au même moment paraît le Nazi.

Le Visiteur

SCÈNE 5

Le Nazi entre en regardant autour de lui, suspicieux.

LE NAZI. Ça ne répond pas vite. *(Il fait signe aux autres soldats dans l'antichambre.)* Continuez sans moi.

FREUD. Où est ma fille ?

LE NAZI *(inspectant la pièce)*. A la Gestapo.

FREUD. Vous ne la ramenez pas ?

LE NAZI. On verra. Pour l'instant, ils s'amusent un peu avec elle. Elle est très attachante. *(Brusquement.)* Vous étiez seul ?

FREUD *(gêné)*. Naturellement. Vous voyez bien.

LE NAZI *(passant devant le bureau)*. Ah, mais je vois que l'on a sorti son papier... *(Il ramasse la feuille et la regarde.)* Il faut être bien sage, maintenant, et le signer.

FREUD *(détournant la tête)*. Et ma fille ?

LE NAZI *(insistant en lui brandissant le papier sous le nez)*. Soyez patient, on vous la rendra sûrement si vous partez... on ne va pas rater l'occasion de se débarrasser de quelques juifs.

FREUD. Vous me la rendrez... intacte ?

Le Visiteur

LE NAZI *(rire gras).* Pourquoi ? Vous espérez toujours la marier ? *(Il se plante devant la bibliothèque et cesse de rire.)* C'est curieux, moi, les juifs, je les renifle sans les voir, j'ai comme un flair.

FREUD. Vraiment ? Et vous m'avez reniflé, moi ?

LE NAZI *(riant).* Ah ça !

FREUD. Et qu'est-ce que je sens ?

LE NAZI *(simplement).* Ce n'est pas vous qui avez une odeur, c'est moi quand vous êtes là.

FREUD. Et qu'est-ce que vous sentez ?

LE NAZI. La merde.

FREUD *(très choqué).* Pardon ?

LE NAZI. C'est simple, ça m'a toujours fait ça. Quand je me trouve moche, minable, quand je me dis que je n'ai pas d'argent et que ça ne s'arrangera pas demain, quand je me dis qu'aucune femme ne voudra plus de moi, il suffit que je me retourne, ça ne rate jamais : il y a un juif qui me regarde. Le juif me rend merdeux. C'est à cause de lui, toujours. Tiens, là, en ce moment, quand je suis chez vous, et que je vois tous ces meubles, ces tableaux, ces tentures, ce bureau, tous ces livres, moi qui n'en ai pas lu, j'ai des boules dans la gorge : je sais que je suis chez un juif.

FREUD. C'est étrange : moi, lorsque je me trouve médiocre, je ne m'en prends qu'à moi-même.

Le Visiteur

LE NAZI. Normal, vous êtes juif. *(Insistant.)* C'est comme un flair, je vous dis, j'ai du nez.

Sans transition, le Nazi sort un dossier de sa poche. C'est la raison de sa visite.

LE NAZI. Qu'est-ce que c'est, ça ?

Freud ne répond pas. Il est visiblement gêné par la vue du document.

LE NAZI. C'est curieux que vous ne sautiez pas de joie... Pourtant vous devriez être inquiet de l'avoir perdu ?... Et puis c'est utile, un testament... surtout à votre âge... et par les temps qui courent...

FREUD. Où voulez-vous en venir ?

LE NAZI. Là où je suis. Je vois sur votre testament que vous avez des comptes en banque à l'étranger. Ce n'est pas bien, ça, vous ne nous l'aviez pas dit...

FREUD *(faiblement)*. Vous me l'avez demandé ?

LE NAZI. C'est antinational de se mettre des sous à gauche... Vous volez l'État... Alors, vous ne voudriez pas nous rapatrier tout ça ? Et vite ?

FREUD. Cet argent est pour mes enfants...

LE NAZI. Et vous avez bien raison ! Peut-être que, justement, votre fille en aurait besoin, de cet argent, là où elle est... peut-être que cela pourrait adoucir l'interrogatoire... qui sait ? *(Pervers.)* Je suis le seul à connaître ce testament. Ça ne serait

Le Visiteur

pas bon que je retourne là-bas, à la Gestapo, en leur montrant ce vilain papier, non, ça ne serait pas bon, ça ferait mauvais effet. Pour vous. Pour elle.

FREUD *(battant en retraite).* Que voulez-vous que je fasse ?

LE NAZI. Eh bien, d'abord vous réfléchissez... Il paraît que vous faites ça très bien, professeur... *(Montrant le testament d'une main et la reconnaissance non signée par Freud de l'autre.)* Parce que, franchement, j'ai peur que ce testament n'annule l'éventuel laissez-passer, voyez-vous ?

Il retourne vers la porte et crie aux soldats qui sont dans le couloir :

LE NAZI. Il n'y a personne ici, on peut laisser tomber. Étage suivant.

FREUD *(spontanément).* Qu'est-ce qui se passe ? Vous cherchez quelqu'un ?

LE NAZI. Vous n'avez vu personne ? Alors !... *(Il s'arrête sur le pas de la porte.)* Réfléchissez, et voyez ce que vous pouvez faire. A mon avis, c'est une histoire qui devrait rester entre vous et moi... vous voyez ce que je veux dire ? *(Avec un grand sourire.)* Je repasserai...

Il sort.

Le Visiteur

SCÈNE 6

L'Inconnu sort des rideaux. Il a les yeux perdus dans le lointain, comme s'il avait une vision.

L'INCONNU. Cet homme ment.

FREUD *(toujours dans son trouble)*. Il a malheureusement raison : j'ai des comptes à l'étranger.

L'INCONNU. Il ment au sujet d'Anna. On ne l'interroge pas.

FREUD *(immédiatement inquiet)*. Anna ! Que lui fait-on ?

L'INCONNU *(précisant sa vision)*. Elle est à la Gestapo, hôtel Métropole. Elle est dans un couloir, elle attend.

FREUD. C'est bien.

L'INCONNU. Non, ce n'est pas bien. Elle sait que si elle reste dans le couloir sans être interrogée, elle risque d'être ramassée, ce soir, avec tous les autres juifs, et d'être déportée dans un camp... ou fusillée.

Freud a un cri de bête et se précipite sur l'Inconnu, l'attrapant par le col.

FREUD. Faites quelque chose !

L'INCONNU. Il faut qu'elle soit interrogée.

Le Visiteur

FREUD. Intervenez ! Vite !

L'Inconnu le repousse calmement, continuant à décrire ce qu'il voit.

L'INCONNU. Elle tâte quelque chose qu'elle a dans sa poche, je ne vois pas très bien... une fiole...

Freud se laisse brusquement tomber sur un siège.

FREUD *(atone)*. Je sais ce que c'est. Du véronal. Elle en a demandé à Schur, mon médecin. Elle voulait que nous nous suicidions.

L'INCONNU *(un instant distrait de sa vision)*. Elle vous l'a proposé ?

FREUD. Oui.

L'INCONNU *(idem)*. Et qu'avez-vous répondu ?

FREUD. Que c'était là ce que les nazis voulaient, donc que nous ne le ferions pas.

L'INCONNU *(reprenant sa vision)*. Pour l'instant, elle se contente de serrer le flacon dans sa main, il la rassure. Maintenant, elle approche son avant-bras de sa bouche et...

Il éclate de rire.

FREUD. Que fait-elle ?

L'INCONNU *(riant toujours)*. Elle se mord le bras jusqu'au sang... ça y est... elle saigne !

Le Visiteur

FREUD *(fou d'inquiétude).* Mais qu'est-ce qu'il lui prend ? !

L'Inconnu brusquement se détache de sa vision, comme s'il éteignait un appareil quelconque.

L'INCONNU. Tout va bien, les choses suivent leur cours.

FREUD. Mais non ! Dites la suite !

L'INCONNU *(très vite).* Les nazis ont accouru. Elle a réussi : elle a attiré l'attention sur elle, ils vont l'interroger. Ils sont prêts à tuer des milliers d'êtres humains mais ils soigneront toujours une femme qui saigne d'une blessure bénigne. Ne te fais pas de soucis : tu as une fille intelligente, mon Freud...

Freud a été trop secoué par cette évocation.

FREUD. Je... je... je suppose que je dois vous croire.

L'Inconnu fait un signe de tête affirmatif. Il s'approche de Freud en souriant, lui prend les mains, les serre, et le calme. Il tend le laissez-passer avec un stylo pour que Freud le signe.

L'INCONNU. Cinq cents suicides depuis un mois à Vienne. Des juifs, essentiellement.

FREUD. Comment le savez-vous ?

L'INCONNU. Je lis les journaux. Les autorités nazies, pour démentir, ont publié une notule cor-

Le Visiteur

rective disant que la rumeur exagérait et qu'il n'y avait eu que quatre cent quatre-vingt-sept morts volontaires. Ces gens-là ont le sens de l'exactitude.

On entend de nouveau des pas dans le vestibule et le Nazi en train de hurler des ordres.

FREUD *(effrayé)*. Le revoilà ! Que vais-je lui dire ? Si j'accepte, nous n'aurons plus rien !

L'INCONNU. Retourne la situation.

FREUD. Comment ?

L'Inconnu prend une photo sur le bureau et la tend à Freud.

L'INCONNU. Tiens, sers-toi de ça.

FREUD. Cette photo ? Mais pour quoi faire ? Que voulez-vous que je lui dise ? Restez avec moi !

L'INCONNU. Allons, mon Freud, pas d'enfantillage. Tu devrais avoir confiance maintenant.

FREUD. Restez avec moi ! Parlez-lui !

L'INCONNU. Ridicule ! De toute façon, il ne peut pas me voir. Je ne suis visible que pour toi, ce soir.

SCÈNE 7

Le Nazi est entré. L'Inconnu a sauté derrière les rideaux. Freud tient encore bêtement la photographie que lui a remise l'Inconnu.

Le Visiteur

LE NAZI. Alors, professeur Freud, vous avez réfléchi ?

FREUD. J'ai réfléchi, effectivement.

Il cherche à gagner du temps en faisant les cent pas.

FREUD *(pensif, en fixant le Nazi).* Oui, je songeais... *(Il cherche de toutes ses forces.)* J'ai retrouvé par hasard cette photographie *(il la lui met sous les yeux)* et je me disais...

LE NAZI *(sans regarder).* Pas de détour. Comment me ferez-vous passer l'argent ?

FREUD *(trouvant sa tactique).* J'y viens, j'y viens... J'ai donc retrouvé ce portrait et, en le regardant, je repensais à ce que vous me disiez lorsque vous m'affirmiez avoir un nez pour reconnaître les juifs. Un nez, c'est bien cela ? Eh bien, c'est étrange, parce que... je me disais... ah non !... je dois me tromper...

LE NAZI. Quoi ?

FREUD. Non, je pensais... ce nez...

LE NAZI *(inquiet).* Pardon ?

FREUD. Votre nez. Il rappelle trait pour trait, narine pour narine, celui de mon oncle Simon, qui était rabbin. *(Le Nazi, d'instinct, met la main devant son nez.)* Notez que je ne suis pas très fort au jeu des ressemblances, mais là, vraiment... c'est plus qu'un air de famille... c'est... Notez que moi, finalement, j'ai le nez beaucoup plus droit, moins busqué que vous... Mais c'est moi qui suis juif ! Notez, par ailleurs, qu'on ne m'a jamais vu à la synagogue... Mais c'est moi qui suis juif ! Notez aussi que je n'ai jamais rien fait pour de l'argent... Mais c'est moi qui suis juif ! Mais c'est étrange, tout de même... on ne vous a jamais parlé de votre nez ?

LE NAZI *(reculant).* Je dois partir.

FREUD. Auriez-vous dans vos parents...

LE NAZI. Je dois partir.

FREUD. Oui, vous avez raison de chasser le juif. Il faut choisir son camp ! Et les exterminer ! Tous ! Car ce qui rend les juifs dangereux, c'est qu'on n'est jamais sûr de ne pas en être un ! *(Enchaînant.)* Vous vouliez que l'on parle des fonds que j'ai placés à l'étranger ?

LE NAZI *(comprenant le chantage).* C'est inutile.

FREUD. Allons donc voir vos supérieurs, je me ferais un plaisir de parler avec eux... de cet argent... du fait que vous ne leur avez pas signalé mon testament... de mes petites hypothèses d'amateur sur les proximités physiques... nous causerons...

LE NAZI. C'est inutile. Je... je n'ai jamais eu connaissance de votre testament...

FREUD. Et ma fille ? Revient-elle bientôt ?

Le Visiteur

LE NAZI *(comprenant le chantage).* Bientôt.

FREUD *(avec un sourire ironiquement humble).* Très bientôt ?

LE NAZI. C'est possible. Et vous partirez bientôt ?

FREUD *(même sourire).* Très bientôt.

LE NAZI. Bonsoir.

FREUD. Bonsoir. *(Au moment où le Nazi se retourne.)* Ah, monsieur le Gestapiste, j'ai trouvé ce que j'ai de juif et que vous n'avez pas... : dans quelques jours, nous serons sur les routes de l'exode, ma femme, mes enfants et moi, avec nos valises et nos baluchons ; nous aurons été chassés ; ce doit être cela, un juif.

LE NAZI *(fermé).* Bonsoir.

Le Nazi sort et Freud ne peut s'empêcher de se frotter les mains de joie : c'est une victoire. Et il se dirige vers le rideau où se trouve caché l'Inconnu, pour la célébrer avec lui.

Mais le Nazi réapparaît sur le pas de la porte, se rappelant, malgré son trouble, pourquoi il est venu chez Freud.

LE NAZI. Au fait, vous n'avez vu personne ?

FREUD *(surpris mais niant par réflexe).* Personne.

LE NAZI *(satisfait).* Très bien.

FREUD. Qu'aurais-je dû voir ?

Le Visiteur

LE NAZI *(se retirant)*. Inutile puisque vous n'avez rien vu.

FREUD *(se précipitant vers le Nazi un peu trop prestement)*. Mais que se passe-t-il ? Qu'aurais-je dû voir ?

LE NAZI. Rien, docteur. Il s'agit simplement de cet homme qui s'est échappé. Il est rentré dans un des immeubles de la Berggasse. Nous le cherchons depuis une heure.

FREUD *(rapidement, avec angoisse)*. Il n'est pas ici.

LE NAZI. Je vous crois. Bonsoir.

Il va de nouveau pour partir.

FREUD. Mais quel homme ? D'où s'est-il échappé ? De prison ?

LE NAZI. De l'asile. C'est un fou. Certains prétendent l'avoir vu s'approcher de votre immeuble. Alors nous visitons tous les étages.

FREUD. Quel type de fou est-il ? Un hystérique ? Un angoissé ? Un obsédé ?

LE NAZI *(avec une assurance professionnelle)*. Un cinglé. *(Un temps.)* Mais il n'est pas dangereux ; je crois que c'est un de ces types qui se racontent des histoires, vous savez, le genre qui se prend pour Goethe ou pour Napoléon...

FREUD *(avec angoisse)*. Un mythomane !

Le Visiteur

LE NAZI. Bonsoir, docteur, et fermez bien votre fenêtre et vos portes, au cas où...

Il sort.

SCÈNE 8

Freud, effondré, trop déçu d'avoir perdu sa neuve croyance, ne bouge plus.
L'Inconnu se dégage lentement des doubles rideaux et va fermer la fenêtre.
Puis il se retourne et s'incline devant Freud.

L'INCONNU. Walter Oberseit.

FREUD *(atone)*. Pardon ?

L'INCONNU. Walter Oberseit. C'est le nom de l'homme qu'on cherche.

FREUD. C'est-à-dire le vôtre.

L'Inconnu ne dément pas. Un temps.

L'INCONNU. Walter Oberseit. Un pauvre homme que l'on a élevé enfermé dans une cave durant ses douze premières années. Lorsqu'on l'a délivré, il n'avait jamais vu le jour ni entendu une voix, il ne connaissait que les ténèbres. Il est resté prostré pendant des mois : on a dit qu'il était imbécile. Puis, lorsqu'on l'a amené à la parole, il s'est mis à inventer des histoires, des récits où il se mettait

Le Visiteur

en scène, comme pour rattraper toute cette vie perdue : on a dit alors qu'il était mythomane. *(Freud souffre tellement qu'il voudrait ne plus entendre.)* Personne n'avait rêvé sa vie pour lui. Personne ne se pencha sur son berceau en lui prêtant le succès, le brillant ou les plus belles amours. Les fous sont toujours des enfants que personne n'a rêvés. *(Un temps.)* Je me sens très proche de lui.

FREUD *(paisiblement).* C'est étrange, vous m'avez roulé, je ne vous en veux même pas. *(Freud s'approche de la fenêtre et l'ouvre.)* Au contraire, même, je me sens comme débarrassé d'une douleur, comme si l'on m'avait enlevé une épine...

L'INCONNU. C'était le doute.

FREUD *(devant la fenêtre ouverte).* Le monde a mal, ce soir. *(On entend au loin les couplets des soldats nazis.)* Il retentit des chants de la haine ; on me prend ma fille ; et un malheureux entre chez moi que, pour la première fois, je ne veux pas soigner... *(Il se retourne vers l'Inconnu.)* Car je ne vous soignerai pas. Ni ce soir, ni demain. Je ne crois plus à la psychanalyse. Plus dans ce monde-ci... *(Pour lui-même.)* Faut-il sauver un canari lorsque toute la ville brûle ? Comment croirais-je encore à une cure ? N'est-il pas ridicule de soigner un homme lorsque le monde entier devient fou ?... *(Un temps.)* Est-il vrai que personne ne vous a aimé ?

L'INCONNU *(subitement ému).* Aimé vraiment ? Je ne sais pas.

FREUD *(sans se retourner).* Sans amour, il n'y a que solitude. *(L'Inconnu, trop bouleversé, ne peut même pas répondre.)* Si je n'aimais pas Anna, Martha, mes fils, aurais-je pu continuer à vivre ?

L'INCONNU. Mais dans ce que vous appelez votre amour, il y a le leur, celui qu'ils vous donnent en retour...

FREUD. C'est vrai.

L'INCONNU. ... tandis que lorsque vous êtes seul à aimer, tout à fait seul...

FREUD *(se retourne et prend maladroitement la main de l'Inconnu).* Je ne vous en veux pas de m'avoir menti. Mais ce soir, je ne peux qu'attendre ma petite Anna, rien d'autre. Venez me voir demain. Nous... nous parlerons. Je... je ne saurai peut-être pas vous... aimer... mais je vous soignerai, ce qui est une autre manière d'aimer... *(Prenant sa décision.)* Je m'occuperai de vous.

L'Inconnu garde la main de Freud dans les siennes et Freud, quoique très pudibond, ne se sent pas la force de lui refuser cela.

FREUD. Voyez, ici, il n'y a que nous, deux hommes, et la souffrance... c'est pour cela que

Le Visiteur

Dieu n'existe pas... Le ciel est un toit vide sur la souffrance des hommes...

L'INCONNU. Vous le pensez ? Vraiment ?

FREUD. La raison a fait fuir les fantômes... Il n'y aura plus de saints désormais, seulement des médecins. C'est l'homme qui a la charge de l'homme. *(Un temps.)* Je vous soignerai.

L'INCONNU *(sur le ton de la confidence).* Dites-moi, tout à l'heure, vous avez réellement cru que j'étais... *(Montrant le ciel.)*... Lui ?

FREUD *(honteux).* J'ai perdu pied.

L'INCONNU *(amusé).* Mais c'est fini ? *(Signe affirmatif de Freud.)* Au fond, vous croyez plus facilement en Walter Oberseit qu'en Dieu ?

FREUD. Vous savez, monsieur Oberseit, je suis un vieillard. J'ai passé toute ma vie à défendre l'intelligence contre la bêtise, à soigner, à me battre pour les hommes contre les hommes, sans trêve, sans respiration, et à quoi cela me donne-t-il droit ? Certains jours, ma gorge pue tellement que même Toby, mon chien, ne m'approche plus et me regarde, malheureux, du fond de la pièce... J'aurais souhaité une mort sèche, brève : j'ai droit à l'agonie. Alors mille fois j'aurais pu murmurer le nom de Dieu, mille fois j'aurais voulu boire le miel de sa consolation, mille fois j'aurais souhaité que la croyance en un Dieu me donnât du courage pour souffrir et entrer dans la mort. J'ai toujours résisté. C'était trop simple. Tout à l'heure, j'ai failli céder, parce que c'était la peur qui pensait à ma place.

L'INCONNU. Il fallait céder.

FREUD. Je prends assez de drogues, je ne veux pas de celle-ci.

L'INCONNU. Pourquoi pas celle-ci ?

FREUD. Parce que c'est l'esprit qu'elle anesthésie.

L'INCONNU. Mais si votre esprit en a besoin...

FREUD. C'est la bête en moi qui veut croire, pas l'esprit ; c'est le corps qui ne veut plus tremper ses draps d'angoisse ; c'est un désir de bête traquée, c'est le regard du chevreuil acculé au rocher par la meute et qui cherche encore une issue... Dieu, c'est un cri, c'est une révolte de la carcasse !

L'INCONNU. Alors vous ne voulez pas croire parce que cela vous ferait du bien !?

FREUD *(violent)*. Je ne crois pas en Dieu parce que tout en moi est disposé à croire ! Je ne crois pas en Dieu parce que je voudrais y croire ! Je ne crois pas en Dieu parce que je serais trop heureux d'y croire !

L'INCONNU *(toujours un peu badin)*. Mais enfin, docteur Freud, si cette envie est là, pourquoi la refouler ? Pourquoi vous censurer ? Si je me rapporte à vos travaux...

Le Visiteur

FREUD. C'est un désir dangereux !

L'INCONNU. Dangereux pour quoi ? Pour qui ?

FREUD. Pour la vérité... Je ne peux me laisser bluffer par une illusion.

L'INCONNU. La vérité est une maîtresse bien sévère.

FREUD. Et exigeante...

L'INCONNU. Et insatisfaisante !

FREUD. Le contentement n'est pas l'indice du vrai. *(Expliquant, les yeux perdus dans son récit.)* L'homme est dans un souterrain, monsieur Oberseit. Pour toute lumière, il n'a que la torche qu'il s'est faite avec des lambeaux de tissu, un peu d'huile. Il sait que la flamme ne durera pas toujours. Le croyant avance en pensant qu'il y a une porte au bout du tunnel, qui s'ouvrira sur la lumière... L'athée sait qu'il n'y a pas de porte, qu'il n'y a d'autre lumière que celle-là même que son industrie a allumée, qu'il n'y a d'autre fin au tunnel que sa propre fin, à lui... Alors, nécessairement, ça lui fait plus mal quand il se cogne au mur... ça lui fait plus vide quand il perd un enfant... ça lui est plus dur de se comporter proprement... mais il le fait ! Il trouve la nuit terrible, impitoyable... mais il avance. Et la douleur devient plus douloureuse, la peur plus peureuse, la mort définitive... et la vie n'apparaît plus que comme une maladie mortelle...

L'INCONNU. Votre athée n'est qu'un homme désespéré.

FREUD. Je sais l'autre nom du désespoir : le courage. L'athée n'a plus d'illusions, il les a toutes troquées contre le courage.

L'INCONNU. Qu'est-ce qu'il gagne ?

FREUD. La dignité.

Un temps.
L'Inconnu s'approche de Freud. Il semble doux, sincère.

L'INCONNU. Tu es trop amoureux de ton courage.

FREUD. Ne me tutoyez pas.

Un temps.

L'INCONNU. Vous m'en voulez ?

FREUD. J'ai trop mal à tout ce qu'il y a de sensible en moi pour éprouver de la haine.

L'Inconnu lui saisit de nouveau les mains.

L'INCONNU. Merci. *(Un temps.)* Vous m'en voulez de ne venir que maintenant. Mais si je m'étais montré plus tôt à vous, cela n'aurait rien changé. Vous auriez eu la même vie, Freud, digne, belle, généreuse...

Le Visiteur

FREUD *(lassé).* Walter Oberseit, cessez de vous prendre pour Dieu. Ce qu'il y a d'intact en vous sait très bien que c'est faux.

Il dégage ses mains.

L'INCONNU *(récapitulant avec un sourire).* Ainsi vous ne croyez pas en Dieu, mais en Walter Oberseit. *(Avec une révérence.)* Très flatté pour lui. *(Avec amusement.)* Mais qui vous prouve que Walter Oberseit existe ?

FREUD *(sans sourire).* Je suis fatigué.

L'INCONNU. Non, vous n'êtes pas fatigué, vous pensez continuellement à Anna. Ce serait attendrissant si ce n'était un peu vexant...

FREUD *(avec un mouvement de colère).* De toute façon, il vaut mieux pour vous, ce soir, que vous soyez qui vous êtes... un imposteur... parce que si vous aviez été Dieu...

L'INCONNU *(très intéressé).* Oui ?

FREUD *(se levant).* Si vous aviez été Dieu, vous... auriez choisi un bien vilain soir... oui, si Dieu existait... et se trouvait là, devant moi !...

L'INCONNU. Si Dieu existait ?

FREUD. Pour vous, je n'ai pas de colère, oh non... Mais pour Dieu, s'il sortait de ce néant où je l'ai rangé, je...

Le Visiteur

L'INCONNU. Si vous aviez Dieu en face de vous ?

FREUD. Si Dieu se montrait en face de moi, je lui demanderais des comptes. Je lui demanderais...

La colère montant, il se lève brusquement.

L'INCONNU *(l'encourageant)*. Vous lui demanderiez ?

FREUD. Je lui dirais... *(La véhémence le gagne.)* Que Dieu mette donc le nez à la fenêtre ! Dieu sait-il que le mal court les rues en bottes de cuir et talons ferrés, à Berlin, à Vienne, et bientôt dans toute l'Europe ? Dieu sait-il que la haine a désormais son parti où toutes les haines sont représentées : la haine du juif, la haine du tzigane, la haine de l'efféminé, la haine de l'opposant ?

L'INCONNU *(pour lui-même)*. Peut-il l'ignorer ?

FREUD. Mais il n'était même pas nécessaire que le mal devînt spectaculaire, qu'il prît les armes et se teignît de sang, je l'ai toujours vu partout, le mal, depuis ce jour où, les jambes écartées sur les carreaux de la cuisine, j'appelai dans un monde où personne ne répondait. *(S'approchant de l'Inconnu.)* Si je l'avais en face de moi, Dieu, c'est de cela que je l'accuserais : de fausse promesse !

L'INCONNU. De fausse promesse ?

FREUD. Le mal, c'est la promesse qu'on ne tient pas. *(Il pense tout haut.)* Qu'est-ce que la mort,

Le Visiteur

sinon la promesse de la vie qui court, là, dans mon sang, sous ma peau, et qui n'est pas tenue ? Car lorsque je me tâte, ou lorsque je me livre à cette ivresse mentale, le pur bonheur d'exister, je ne me sens pas mortel : la mort n'est nulle part, ni dans mon ventre ni dans ma tête, je ne la sens pas, la mort, je la sais, d'un savoir appris, par ouï-dire. L'aurais-je su, que je périrais, si on ne m'en avait pas parlé ? Ça frappe par-derrière, la mort. De moi-même, j'étais parti pour un tout autre chemin, je me croyais immortel. Le mal, dans la mort, ce n'est pas le néant, c'est la promesse de la vie qui n'est pas tenue. Faute à Dieu !

Et qu'est-ce que la douleur sinon l'intégrité du corps démentie ? Un corps fait pour courir et jouir, un corps tout un, et le voilà vulnéré, amputé, défait. On l'a floué. Non, la douleur ne se vit pas dans la chair, car toute blessure est une blessure à l'âme ; c'est la promesse qui n'est pas tenue. Faute à Dieu !

Et le mal moral, le mal que les hommes se font les uns aux autres, n'est-ce pas la paix rompue ? Car la promesse qu'il y avait dans la chaleur d'une tête blottie entre les deux seins d'une mère, car la tendresse d'une voix douce qui parlait du plus profond de la gorge lors même que nous ne comprenions pas encore les mots, car cette entente avec tout l'univers que nous avons connue

Le Visiteur

d'abord, quand l'univers se résumait à deux mains aimantes qui nous donnaient biberons, sommeil, caresses, où tout cela est-il passé ? Pourquoi cette guerre ? Promesse non tenue ! Re-faute à Dieu.

Mais le mal le plus grave, oui, la fine pointe du mal, ce dont toute une existence ne console pas, c'est cet esprit, borné, limité, que l'intelligence même a rendu imbécile. Il semblerait que Dieu nous ait donné un esprit uniquement pour que nous touchions ses limites ; la soif sans la boisson. On croit que l'on va tout comprendre, tout connaître, on se croit capable des rapprochements les plus inouïs, des échafaudages les plus subtils, et l'esprit nous lâche en route. Nous ne saurons pas tout. Et nous ne comprendrons pas grand-chose. Vivrais-je trois cent mille ans encore que les étoiles, même nombrées, demeureraient indéchiffrables, et que je chercherais toujours ce que je fais sur cette terre, les pieds dans cette boue ! La finitude de notre esprit, voilà la dernière de ses promesses non tenues.

Elle serait belle la vie, si ce n'était une traîtrise...

Elle serait facile, la vie, si je n'avais pas cru qu'elle dût être longue, et juste, et heureuse...

L'INCONNU. Tu en attendais trop.

FREUD. Il fallait me faire plus bête, que je n'espère rien... Voilà, monsieur Oberseit, si Dieu existait, ce serait un Dieu menteur. Il annoncerait et il

Le Visiteur

lâcherait ! Il ferait mal. Car le mal, c'est la promesse qu'on ne tient pas.

L'INCONNU. Laissez-moi vous expliquer.

FREUD. Expliquer c'est absoudre : je ne veux pas d'explications. Si Dieu était content de ce qu'il a fait, de ce monde-ci, ce serait un drôle de Dieu, un Dieu cruel, un Dieu sournois, un criminel, l'auteur du mal des hommes ! Il vaudrait mieux pour lui-même qu'il n'existe pas. Au fond, s'il y avait un Dieu, ce ne pourrait être que le Diable...

L'Inconnu a un haut-le-corps.

L'INCONNU. Freud !

FREUD. Walter Oberseit, vous êtes un imposteur, un imposteur brillant, mais vous devriez vous reconnaître un maître dans l'imposture : ce serait Dieu lui-même.

L'INCONNU. Vous délirez.

FREUD. Alors si Dieu était en face de moi, ce soir, un soir où le monde pleure et ma fille est prise dans les griffes de la Gestapo, je préférerais lui dire : « Tu n'existes pas ! Si tu es tout-puissant, alors tu es mauvais ; mais si tu n'es pas mauvais, tu n'es pas bien puissant. Scélérat ou limité, tu n'es pas un Dieu à la hauteur de Dieu. Il n'est pas nécessaire que tu sois. Les atomes, le hasard, les chocs, cela suffit bien pour expliquer un uni-

Le Visiteur

vers aussi injuste. Tu n'es, définitivement, qu'une hypothèse inutile ! »

L'INCONNU *(doucement).* Et Dieu vous répondrait sans doute ceci : « Si tu pouvais voir, comme moi, à l'avance, le ruban des années à venir, tu serais plus virulent encore, mais tu détournerais ton accusation vers le vrai responsable. » *(Les yeux plissés.)* Si tu voyais plus loin... *(Sur un ton de visionnaire songeur.)* Ce siècle sera l'un des plus étranges que la terre ait portés. On l'appellera le siècle de l'homme, mais ce sera le siècle de toutes les pestes. Il y aura la peste rouge, du côté de l'Orient, et puis ici, en Occident, la peste brune, celle qui commence à se répandre sur les murs de Vienne et dont vous ne voyez que les premiers bubons ; bientôt elle couvrira le monde entier et ne rencontrera presque plus de résistance. On vous chasse, docteur Freud ? Estimez-vous heureux ! Les autres, tes amis, tes disciples, tes sœurs, et tous les innocents, on va les tuer... Dizaines par dizaines, milliers par milliers, dans de fausses salles de douches qui libéreront du gaz en place d'eau ; et ce seront leurs frères, aux morts, qui déblaieront les corps et les jetteront dans les remblais. Et, savez-vous, les nazis feront même du savon avec leurs graisses ?... étrange, n'est-ce pas, que l'on puisse se laver le cul avec ce que l'on hait ?

Et il y aura d'autres pestes, mais à l'origine de

Le Visiteur

toutes ces pestes, le même virus, celui même qui t'empêche de croire en moi : l'orgueil ! Jamais l'orgueil humain n'aura été si loin. Il fut un temps où l'orgueil humain se contentait de défier Dieu ; aujourd'hui, il le remplace. Il y a une part divine en l'homme ; c'est celle qui lui permet, désormais, de nier Dieu. Vous ne vous contentez pas à moins. Vous avez fait place nette : le monde n'est que le produit du hasard, un entêtement confus des molécules ! Et dans l'absence de tout maître, c'est vous qui désormais légiférez. Être le maître...! Jamais cette folie ne vous prendra le front comme en ce siècle. Le maître de la nature : et vous souillerez la terre et noircirez les nuages ! Le maître de la matière : et vous ferez trembler le monde ! Le maître de la politique : et vous créerez le totalitarisme ! Le maître de la vie : et vous choisirez vos enfants sur catalogue ! Le maître de votre corps : et vous craindrez tellement la maladie et la mort que vous accepterez de subsister à n'importe quel prix, pas vivre mais survivre, anesthésiés, comme des légumes en serre ! Le maître de la morale : et vous penserez que ce sont les hommes qui inventent les lois, et qu'au fond tout se vaut, donc rien ne vaut ! Alors le Dieu sera l'argent, le seul qui subsiste, on lui construira des temples de partout dans les villes, et tout le monde pensera creux, désormais, dans l'absence de Dieu.

Au début, vous vous féliciterez d'avoir tué

Le Visiteur

Dieu. Car si plus rien n'est dû à Dieu, tout revient donc à l'homme. Au début, la vanité ne connaît pas l'angoisse. Vous vous attribuerez toute l'intelligence. Jamais l'histoire n'aura vu des philosophes plus noirs et cependant plus heureux.

Mais, Freud, et cela, tu ne le vois pas encore, le monde entier se sera privé de la lumière. Quand un jeune homme, un soir de doute comme cet âge en connaît tant, demandera aux hommes mûrs autour de lui : « S'il vous plaît, quel est le sens de la vie ? », personne ne pourra lui répondre.

Ce sera votre œuvre.

A toi et à d'autres.

Voilà ce que vous ferez, les grands de ce siècle : vous expliquerez l'homme par l'homme, et la vie par la vie. Que restera-t-il de l'homme ? Un fou dans sa cellule, jouant une partie d'échecs entre son inconscient et sa conscience ! Après toi, définitivement, l'humanité sera seule dans sa prison. Oh, toi, tu as encore l'ivresse du conquérant, de ceux qui défrichent, de ceux qui fondent... mais pense aux autres, ceux qui naîtront : que leur auras-tu laissé comme monde ? L'athéisme révélé ! une superstition encore plus sotte que toutes celles qui précèdent !

FREUD *(effrayé).* Je n'ai pas voulu cela.

Freud se rend alors compte qu'il vient de parler à l'Inconnu comme s'il était Dieu. Il se prend la tête entre les mains, gémit et tente de se maîtriser.

Le Visiteur

FREUD. Walter Oberseit, vous êtes un être remarquablement intelligent et sans doute très malheureux. Cependant, je ne suis guère expert en prophétie, j'y ai peu de goût... et je crois qu'il vaudrait mieux, pour nous deux, que vous rentriez chez vous.

L'INCONNU. A l'asile ?

FREUD. Nous nous verrons demain, je vous le promets.

L'INCONNU. Livrez-moi donc à votre ami le nazi : il sera ravi de la prise et vous remonterez dans son estime !

FREUD. Non, vous allez rentrer tout seul dans votre chambre...

L'INCONNU *(corrigeant)*. ...cellule ! *(Un léger temps.)* Il est vrai que cela devient presque une protection, aujourd'hui, d'être considéré comme fou.

Un temps. Freud, extrêmement nerveux, allume un cigare malgré sa gorge qui le brûle. L'Inconnu le regarde faire avec tendresse et vient se rasseoir en face de lui.

L'INCONNU. Mais pourquoi ne vous laissez-vous pas aller ?

FREUD *(spontanément)*. Me laisser aller, jamais ! Aller à quoi, d'ailleurs !

Le Visiteur

L'INCONNU. Laissez-vous donc aller à croire.

FREUD *(presque obsessionnel)*. A quoi serais-je arrivé si je m'étais laissé aller ? Je serais un petit médecin juif à la retraite ; de toute ma vie, je n'aurais soigné que des rhumes et des entorses ! *(Il se lève.)* Je n'ai pas besoin de foi. Il me faut des certitudes. Des résultats positifs. Et il ne suffit pas qu'un fou, aussi brillant soit-il, tienne un discours qui... *(Ayant subitement une idée.)* Êtes-vous Walter Oberseit, oui ou non ?

L'INCONNU. A votre avis ?

FREUD. Je vous pose une question. Êtes-vous Walter Oberseit ?

L'INCONNU. J'aurais tendance à vous répondre "non". Mais Walter Oberseit vous répondrait "non" aussi.

FREUD *(retrouvant de l'énergie)*. Très bien : vous prétendez que vous êtes Dieu ? Prouvez-le !

L'INCONNU. Pardon ?

FREUD. Si vous êtes Dieu, prouvez-le ! Je ne crois que ce que je vois.

L'INCONNU. Vous me voyez.

FREUD. Je ne vois qu'un homme.

L'INCONNU. Il a bien fallu que je m'incarne. Si je m'étais manifesté en araignée, ou en pot de chambre, nous ne serions pas sortis de l'auberge.

Le Visiteur

FREUD. Faites un miracle.

L'INCONNU. Vous plaisantez ?

FREUD. Faites un miracle !

L'INCONNU *(éclatant de rire).* Freud, le docteur Freud, un des plus grands esprits du siècle et de l'humanité, le docteur Freud me demande un miracle... Comment voudriez-vous que je me change, cher ami, en chacal, en soleil, en vache, en Zeus sur son fauteuil de nuages, en Christ sanguinolent au bout d'un pieu ou bien en Vierge Marie au fond de la grotte ? Je croyais devoir réserver mes miracles aux imbéciles...

FREUD *(furieux).* Les imbéciles voient des miracles partout, tandis que l'on n'abuse pas un savant. Il est vraiment dommage que Dieu n'ait jamais opéré un miracle en Sorbonne ou en laboratoire.

L'INCONNU *(sarcastique).* Le miracle serait que vous me croyiez.

FREUD. Chiche ! *(Sèchement.)* Un miracle !

L'INCONNU. Ridicule ! *(Cédant brusquement.)* Eh bien soit ! *(Il semble réfléchir.)* Vous êtes prêt ? Voulez-vous bien me tenir ma canne ?

Il tend sa canne à Freud qui, par réflexe, la saisit : à cet instant, la canne se retourne, se transformant en gros bouquet de fleurs.

Freud a un moment de surprise, voire d'émerveillement.

Le Visiteur

L'Inconnu éclate de rire devant la mimique de Freud.

Freud comprend la supercherie, le ridicule de sa demande, et jette le bouquet à terre.

FREUD. Partez immédiatement ! Non seulement vous êtes un mythomane, mais vous êtes sujet à une névrose sadique. Vous n'êtes qu'un sadique !

L'Inconnu continue à rire, ce qui a le don d'irriter Freud plus encore.

FREUD. Un sadique qui profite d'une nuit de trouble ! Un sadique qui jouit de ma faiblesse !

L'Inconnu cesse brusquement de rire. Il semble presque sévère.

L'INCONNU. S'il n'y avait pas ta faiblesse, par où pourrais-je entrer ?

FREUD. Ça suffit ! Je ne veux plus rien entendre ! Finissons-en une fois pour toutes ! Repassez cette fenêtre et retournez chez vous !

On entend des coups poliment frappés à la porte.

FREUD *(avec humeur)*. Oui !

Le Visiteur

SCÈNE 9

Le Nazi entre, presque respectueusement.
Dès qu'il le voit, l'Inconnu se cache prestement dans un coin sombre du bureau. Freud a un regard sarcastique pour son comportement.

LE NAZI *(obséquieux)*. Professeur, je me suis juste permis de passer pour vous remettre ce document... votre testament... que je n'ai donc jamais eu dans les mains.

Il regarde Freud d'un air interrogatif pour savoir si Freud est prêt à corroborer sa version.

FREUD. Où est ma fille ?

LE NAZI. Ils sont en train de l'interroger, mais cela ne durera pas longtemps, pure routine, je crois bien. En tout cas, je me suis permis d'insister dans ce sens.

En réponse, Freud tend la main pour recevoir son testament.

FREUD. Très bien. Je ne vous retiens pas.

Le Nazi ébauche maladroitement un salut et va pour s'en aller.

Le Visiteur

LE NAZI. Oh, puis, je voulais aussi vous dire... pour le fou qui s'était échappé... on l'a retrouvé.

FREUD. Pardon ?

LE NAZI. Vous savez, le schnock, de l'asile... il s'était caché derrière les poubelles de votre cour. On l'a rendu aux infirmiers.

FREUD. Pourquoi me dites-vous cela ?

LE NAZI. Excusez-moi, j'ai cru tout à l'heure que ça vous intéressait.

Il va de nouveau pour sortir.

FREUD. Vous êtes bien sûr de ce que vous dites ?

LE NAZI. A quel sujet ?

FREUD. Le fou ? C'était bien lui ?

LE NAZI. Certain.

FREUD. Walter Oberseit ?

LE NAZI. Un nom comme ça... Vous le connaissiez ? En tout cas, le personnel de l'asile était bien content de le récupérer si vite. Il paraît que lorsqu'il est en forme, il ferait croire n'importe quoi à n'importe qui !... Enfin ça y est, il est bouclé : nous connaissons notre travail, tout de même. Bonsoir.

FREUD *(défait)*. Bonsoir.

Le Nazi sort.

Le Visiteur

SCÈNE 10

Freud a allumé un énorme cigare pour maîtriser son émotion.
L'Inconnu réapparaît et regarde Freud avec compassion. Il s'approche et lui retire le cigare lentement.

L'INCONNU. La mort te brûle déjà. Pas besoin de rajouter des braises...

Freud le laisse faire, comme apaisé.
Un temps.
Freud le regarde avec une grande intensité.

FREUD. Pourquoi es-tu venu ?

L'INCONNU *(légèrement gêné)*. Vous dites cela parce que vous y croyez ou pour vous débarrasser encore de moi ?

FREUD. Pourquoi ?

L'INCONNU *(fuyant)*. Je ne vous sens pas sincère.

FREUD *(plein d'une douce autorité de grand praticien)*. C'est vous qui ne l'êtes pas. Pourquoi êtes-vous venu ? Vous ne devez pas me celer la vérité.

L'INCONNU. Soit. Je vais vous...

L'Inconnu semble brusquement en proie à un malaise foudroyant.

L'INCONNU *(inquiet).* Freud ! j'ai le cou qui enfle...

FREUD *(calmement).* Je vois, et vous êtes très rouge...

L'INCONNU. Mon crâne tape, tape... Que se passe-t-il ?

FREUD. C'est la pudeur.

L'INCONNU. C'est toujours comme cela lorsqu'on va dire la vérité ? Je comprends pourquoi les humains pratiquent tant le mensonge. *(Amusé.)* Ce que c'est que de trop bien s'incarner !

FREUD *(le regardant intensément).* Assez de détours. Pourquoi êtez-vous venu ?

L'INCONNU *(fermé).* Pas pour vous convertir.

FREUD. Mais encore ?

L'INCONNU. Par ennui.

FREUD. Vous plaisantez...

L'INCONNU. Méfiez-vous des explications superficielles, elles sont souvent vraies. *(Un temps. Légèrement provocateur.)* Non, ce n'est pas par ennui : c'est par haine. Je vous en veux.

FREUD. De quoi ?

L'INCONNU *(comme un dandy d'Oscar Wilde).* D'être hommes. D'être bêtes, d'être bornés, imbéciles ! Croyez-vous que ce soit un sort enviable

Le Visiteur

d'être Dieu ? *(Il s'assoit, les jambes élégamment croisées.)* J'ai tout, je suis tout, je sais tout. Rond, rassasié, plein comme un œuf, gavé, écœuré depuis l'aube du monde ! Que pourrais-je bien vouloir que je n'aurais pas ? Rien, sauf une fin ! Car je n'ai pas de terme... ni mort ni au-delà... rien... je ne peux même pas croire en quelque chose, à part en moi... Sais-tu ce que c'est, l'état de Dieu ? La seule prison dont on ne s'évade pas.

FREUD. Et nous ?

L'INCONNU. Qui, nous ?

FREUD. Les hommes ? *(Hésitant.)* Ne sommes-nous pas... une distraction ?

L'INCONNU. Vous relisez vos livres, vous ? *(Signe négatif de Freud. L'Inconnu résume le monde :)* Rien au-dessus, tout en dessous. J'ai tout fait. Où que j'aille, je ne rencontre que moi-même ou mes créatures. Dans leur présomption, les hommes ne songent guère que Dieu est nécessairement en mauvaise compagnie ! Être le tout est d'un ennui... Et d'une solitude...

FREUD *(doucement)*. La solitude du prince...

L'INCONNU *(rêveur, en écho)*. La solitude du prince...

Dans la rue, on entend le bruit d'une poursuite. Un couple est poursuivi par les nazis. Cris angoissés des fuyards. Aboiements des nazis.

Le Visiteur

L'INCONNU *(subitement)*. Vous me croyez ?

FREUD. Pas du tout.

L'INCONNU *(soulagé)*. Vous avez raison.

Dans la rue, la femme et l'homme ont été arrêtés. On les entend crier sous les coups. C'est insoutenable. Freud se lève précipitamment pour aller à la fenêtre.
L'Inconnu s'interpose et lui en barre l'accès.

L'INCONNU. Non, s'il vous plaît.

FREUD. Et vous les laissez faire !

L'INCONNU. J'ai fait l'homme libre.

FREUD. Libre pour le mal !

L'INCONNU *(l'empêchant de passer, malgré les cris qui s'amplifient)*. Libre pour le bien comme pour le mal, sinon la liberté n'est rien.

FREUD. Donc vous n'êtes pas responsable ?

Pour toute réponse, l'Inconnu cesse brusquement de retenir Freud. Celui-ci se précipite vers la fenêtre.
Les cris se calment. On entend seulement les bottes s'éloigner.
L'Inconnu s'est laissé tomber sur un siège.

FREUD. Ils ont arrêté un couple. Ils l'emmènent... *(Se tournant vers l'Inconnu.)* Où ?

L'INCONNU *(sans force)*. Dans des camps...

FREUD. Des camps ?

Le Visiteur

Freud est effaré par cette nouvelle. Il s'approche de l'Inconnu qui est bien plus défait que lui encore...

FREUD. Empêchez-les! Empêchez tout ça! Comment voudriez-vous qu'on croie encore en vous après tout ça! Arrêtez!

Il le secoue par le col.

L'INCONNU. Je ne peux pas.

FREUD *(véhément)*. Allez! Intervenez! Arrêtez ce cauchemar, vite!

L'INCONNU. Je ne peux pas. Je ne peux plus!

L'Inconnu se dégage, rassemble ses forces pour aller fermer la fenêtre. Au moins, le bruit des bottes a disparu...
Il s'appuie contre la vitre, épuisé.

FREUD. Tu es tout-puissant!

L'INCONNU. Faux. Le moment où j'ai fait les hommes libres, j'ai perdu la toute-puissance et l'omniscience. J'aurais pu tout contrôler et tout connaître d'avance si j'avais simplement construit des automates.

FREUD. Alors pourquoi l'avoir fait, ce monde?

L'INCONNU. Pour la raison qui fait faire toutes les bêtises, pour la raison qui fait tout faire, sans quoi rien ne serait... par amour.

Il regarde Freud qui semble mal à l'aise.

Le Visiteur

L'INCONNU. Tu baisses les yeux, mon Freud, tu ne veux pas de ça, hein, toi, un Dieu qui aime ? Tu préfères un Dieu qui gronde, les sourcils vengeurs, le front plissé, la foudre entre les mains ? Vous préférez tous ça, les hommes, un Père terrible, au lieu d'un Père qui aime...

Il s'approche de Freud qui est assis, et s'agenouille devant lui.

L'INCONNU. Et pourquoi vous aurais-je faits si ce n'était par amour ? Mais vous n'en voulez pas, de la tendresse de Dieu, vous ne voulez pas d'un Dieu qui pleure... qui souffre... (Tendrement.) Oh, oui, tu voudrais un Dieu devant qui on se prosterne mais pas un Dieu qui s'agenouille...

Il est à genoux devant Freud. Il lui tient la main. Freud, trop pudique, regarde ailleurs.
L'Inconnu se relève et s'approche de la fenêtre d'où afflue une musique. Il l'ouvre. On entend alors les chants nazis.

L'INCONNU. C'est beau, n'est-ce pas ?

FREUD. Malheureusement. Si la bêtise pouvait toujours être laide...

L'INCONNU. La beauté... vous aimez beaucoup cela, vous autres, les hommes.

FREUD *(surpris)*. Pas vous ?

Le Visiteur

L'INCONNU. Oh moi !... *(Se souvenant.)* Si, une fois, j'ai été surpris... Une fois il y eut... *(Il lève alors la tête, semblant humer l'air de toutes ses narines, et l'on entend un chant qui se précise. Freud tend l'oreille.)* Je connais le murmure des nuages, je connais le chant des oies sauvages lorsque, en bataillon triangulaire, elles font cap sur l'Afrique, je connais les rêves des taupes, les cris d'amour des vers de terre et les déchirements violents de l'azur par les comètes, mais ça... *(On entend toujours plus précisément la musique.)* ...ça, je ne connaissais pas. *(La musique monte. Il s'agit de l'air de la Comtesse, « Dove sono i bei momenti », dans* Les Noces de Figaro.*)* J'ai cru tout d'abord qu'un des vents de la Terre s'était égaré sur la Voie lactée... j'ai cru... que j'avais une mère qui m'ouvrait ses bras du fond de l'infini... j'ai cru...

FREUD. Qu'était-ce ?

L'INCONNU. Mozart. A vous faire croire en l'homme...

La musique continue. Freud est à son bureau, la tête appuyée sur les mains, écoutant la musique les yeux fermés.
L'Inconnu s'efface derrière le rideau sans qu'il s'en rende compte.

Le Visiteur

SCÈNE 11

Anna entre rapidement dans la pièce. Elle s'arrête quand elle voit son père à son bureau. Freud ne l'a encore ni vue, ni entendue.
Elle se place devant lui et dit avec émotion :

ANNA. Papa !

La musique s'évanouit.
Freud sort de sa torpeur songeuse et, dans un râle où se mêlent l'extrême douleur et l'extrême joie, murmure :

FREUD. Anna...

Ils se jettent dans les bras l'un de l'autre.
Freud, les larmes aux yeux, la caresse comme une petite fille.

FREUD. Mon Anna, ma joie, mon souci, mon orgueil...

Anna se laisse aller contre lui.

FREUD. Ils t'ont fait mal ?

ANNA. Ils ne m'ont pas touchée.

Freud la serre encore plus fort contre lui.

ANNA. Ils m'ont interrogée sur notre société... ils voulaient savoir si l'Association internationale de psychanalyse était politique... j'ai réussi à les convaincre du contraire... Papa, c'est toi qui me fais mal... *(Freud desserre légèrement son étreinte.)* ... je nous ai décrits comme une bande d'inoffensifs amateurs... j'ai honte... *(Se ressaisissant.)* Nous ne devons pas attendre une minute. J'ai entendu des choses terribles, là-bas : il semblerait qu'on emmène les juifs dans des camps, et qu'une fois dans ces camps, on n'ait plus de nouvelles...

FREUD *(sombre).* Je sais.

Anna a un regard de surprise.

ANNA *(continuant quand même).* Mais il y a plus grave encore : les juifs se taisent, papa. Ils se laissent enfermer là-bas, à la Gestapo, ils attendent des heures sans protester, on les insulte, on leur crache dessus, on les déporte et ils ne disent rien. *(Elle marche rageusement.)* Ils se comportent comme des coupables ! Mais qu'ont-ils fait pour mériter cela ? Être juif ? Mais être juif, cela correspond à quel crime ? Quelle faute ? Et la petite Macha qui vient de naître, ta petite-fille, de quoi est-elle déjà coupable ? D'être née ? D'exister ?

Freud saisit le laissez-passer.

FREUD. Nous allons partir.

ANNA. Nous partirons et nous parlerons. Nous le dirons au monde entier.

Le Visiteur

FREUD. Nous partirons et nous nous tairons. Parce qu'il restera mes deux sœurs à Vienne... et qu'on leur ferait payer. Parce qu'il restera des juifs derrière nous sur qui on se vengera de nos insolences...

ANNA. Alors toi aussi ! Toi aussi, tu vas te taire ?

FREUD. De toute façon j'ai déjà la mort dans la gorge.

Anna se jette dans ses bras.

FREUD. Nous allons partir, ma petite fille.

Il ouvre son stylo et se dispose à signer. Mais, pris d'une quinte de toux, il se met à tousser violemment.

ANNA. Tu as fumé !

FREUD. Je t'attendais.

ANNA. Peu importe, tu ne dois pas fumer !

Freud saisit sa gorge à laquelle il a maintenant très mal.

FREUD. Le nœud se resserre, Anna. *(Réunissant ses forces.)* Nous allons partir. J'étais irresponsable, je te faisais prendre trop de risques en restant ici, je ne pensais qu'à ma vieille peau viennoise... qui a si peu d'importance...

Soudain, il se rend compte que l'Inconnu n'est plus là et reste avec le stylo en l'air.

Le Visiteur

FREUD. Mais où est-il ? Il faut que je vous présente. Il était là il y a un instant...

ANNA. De quoi parles-tu ?

FREUD *(allant soulever les rideaux)*. J'ai eu une visite, pendant ton absence, une visite extraordinaire, une visite qui m'a redonné l'espoir...

ANNA. Qui était-ce ?

FREUD *(triomphalement)*. Un inconnu ! Un visiteur qui mérite d'être connu, je ne peux pas t'en dire plus. *(Cherchant désespérément partout.)* Mais voyons, il n'est pas sorti... ni par la porte, ni par la fenêtre ! Nous parlions lorsque tu es rentrée.

ANNA. Tu étais seul.

FREUD. C'est qu'il s'est caché dès qu'il t'a vue. Nous étions en train de discuter.

ANNA *(tendrement)*. Papa, lorsque je suis entrée, tu étais assis à ton bureau, dans la position que tu as lorsque tu dors.

FREUD *(révolté)*. Je ne dormais pas. C'est impossible.

ANNA. Alors où est ton visiteur ?

Freud tape violemment dans les rideaux.

FREUD. Je ne dormais pas, je ne dormais pas ! Tu n'as pas entendu la musique ?

Le Visiteur

ANNA. Je vais nous faire une tisane et tu me raconteras ton rêve.

Elle sort.

SCÈNE 12

L'Inconnu passe la porte, quelques secondes après la sortie d'Anna.
Il considère Freud qui le cherche encore, avec une tendresse dont la moquerie n'est pas absente.

L'INCONNU. Je m'en serais voulu de gâcher ces retrouvailles.

FREUD *(se retournant).* Où étiez-vous ?

L'INCONNU *(elliptique).* Les nécessités de l'incarnation physique.

Freud ne comprend pas. L'Inconnu lui fait signe qu'il est allé uriner...

L'INCONNU. Un phénomène fascinant : j'avais l'impression d'être devenu une fontaine.

FREUD. Restez. Il faut qu'Anna vous voie.

L'INCONNU. Non.

FREUD. Si...

L'INCONNU. Vous lui raconterez...

Le Visiteur

FREUD. Elle a besoin de vous, elle aussi, surtout ce soir.

L'INCONNU. Si elle est aussi têtue que vous, la nuit risque d'être longue.

FREUD. Je vous en prie.

L'INCONNU *(cédant)*. A vos risques et périls...

SCÈNE 13

Anna entre, portant un plateau comprenant un riche nécessaire à tisane.
Elle ne voit pas d'emblée l'Inconnu.
Se déroule alors tout un jeu silencieux où Freud essaie de placer l'Inconnu dans son champ de vision dont elle se détourne toujours ultimement.
Enfin, en désespoir de cause, Freud prend la parole.

FREUD. Tu ne vois pas mon visiteur ?

Anna se retourne, le voit, et dit tranquillement, sur un ton presque morne :

ANNA. Ah, c'est vous ? *(Avec une politesse de commande.)* Asseyez-vous donc. Vous prendrez de la tisane, sans doute ? J'ajoute une tasse.

Et elle ressort, les laissant ahuris de surprise.

Le Visiteur

SCÈNE 14

Freud, abasourdi par la tranquillité quotidienne d'Anna, se tourne vers l'Inconnu et demande :

FREUD. « Ah, c'est vous » ! Comment ça : « Ah, c'est vous » ? Vous vous connaissez ?

L'INCONNU. Mais je vous assure que non. Je n'en savais rien.

Anna est déjà revenue.

SCÈNE 15

Elle apporte l'eau chaude et la tasse manquante.

FREUD. Tu connais... monsieur...

ANNA. Oui. Naturellement. De vue...

FREUD. Mais pour qui le prends-tu ?

ANNA. Pardon ?

FREUD. Pour qui prends-tu monsieur ?

ANNA. Je le prends pour ce qu'il est.

FREUD *(agacé)*. Mais encore ?

ANNA. Père, je ne voudrais pas être incorrecte avec ton invité.

Le Visiteur

FREUD. Anna ! Pour qui prends-tu monsieur ?

ANNA. Je le prends pour un homme qui me suit chaque après-midi depuis quinze jours toutes les fois où je me rends au jardin d'enfants. Il ne manque jamais de m'adresser des sourires auxquels je ne réponds pas et de me faire des clins d'œil que je fais semblant de ne jamais voir. En peu de mots, monsieur est un homme mal élevé.

L'INCONNU. Ah, mais je vous assure que jamais...

ANNA. N'insistez pas, monsieur. Je vous apprécie assez peu mais j'apprécie encore moins que vous fassiez le siège de mon père pour arriver à moi : vous le fatiguez et vous ne changerez pas ma position, loin de là.

L'INCONNU. Je vous assure que ce n'est pas moi.

ANNA. Alors vous avez un sosie ! Un sosie parfait, monsieur. C'est un miracle d'avoir un sosie pareil. Je te laisse, père, je reviendrai lorsque ton invité sera parti.

Elle sort.

SCÈNE 16

Freud demeure rigide.
L'Inconnu, peu affecté, se sert une tasse de tisane.

FREUD. J'exige des explications ! Vous auriez pu le prévoir. Vous auriez dû le prévoir puisque vous savez tout.

L'INCONNU *(légèrement).* Presque tout.

FREUD. C'est insupportable.

L'INCONNU. Ça y est, Freud : le doute ! Tu doutes de nouveau. *(Plaintif.)* Tu ne vas pas continuer, j'espère ? *(Lui tendant très mondainement une tasse et imitant une maîtresse de maison.)* Vous prendrez bien un peu de recul ? *(Il rit. Un temps.)* Personne ne me voit, chacun projette sur moi l'image qui lui convient, ou qui l'obsède : j'ai déjà été blanc, noir, jaune, barbu, glabre, avec dix bras... et même femme ! Je pense qu'au fond ta petite Anna ne trouve pas si déplaisant l'inconnu du jardin d'enfants...

FREUD *(prenant machinalement la tasse).* Soit.

Ils boivent.
L'Inconnu ne peut retenir un petit rire.

FREUD. Pourquoi riez-vous ?

L'INCONNU. Je me demande si, avec ce que je bois là, je vais pouvoir recommencer à faire la fontaine ? *(Il rit encore et regarde Freud.)* Le docteur Freud me trouve puéril. On est toujours puéril lorsqu'on s'émerveille de la vie.

Il cesse brusquement d'être badin et pose la main sur l'épaule de Freud.

Le Visiteur

L'INCONNU. Je pars, Freud. Je n'ai ni père, ni mère, ni sexe, ni inconscient. Vous ne pouviez rien pour moi mais vous avez été une oreille. Merci.

FREUD. Vous me quittez ?

L'INCONNU. Je ne t'ai jamais quitté.

FREUD. Je ne vous reverrai plus ?

L'INCONNU. Autant que vous le voudrez. Mais pas avec les yeux.

FREUD. Comment ?

L'INCONNU *(lui pose le doigt sur le cœur).* J'étais là, Freud, j'ai toujours été là, caché. Et tu ne m'as jamais trouvé ; et tu ne m'as jamais perdu. Et lorsque je t'entendais dire que tu ne croyais pas en Dieu, j'avais l'impression d'entendre un rossignol qui se plaignait de ne pas savoir la musique. *(Il lui tend le laissez-passer et le stylo.)* Docteur Freud, vous allez partir. Emmenez le plus de gens possible avec vous. Sauvez-les.

Freud signe enfin l'Ausweis. L'Inconnu semble soulagé d'avoir obtenu cela. Il se retourne, reprend son élégant manteau de soirée et se dirige vers la fenêtre.

L'INCONNU. Bonsoir.

FREUD. Mais... je ne sais toujours pas... *(Subitement agressif.)* Restez !

Le Visiteur

L'INCONNU *(paisible)*. J'ai dit : Bonsoir, Freud.

Freud va se mettre en travers de la fenêtre pour l'empêcher de passer.

FREUD. Pas question !

L'INCONNU. Quelle faiblesse, Freud !

FREUD. Vous ne sortirez pas par la fenêtre, comme un être humain, comme un escroc. Vous disparaîtrez, là, sous mes yeux !

L'INCONNU *(souriant)*. Le doute. Toujours le doute.

Il s'approche de la fenêtre et, en regardant Freud fixement, obtient que celui-ci s'efface, comme mû par un pouvoir invisible.

L'INCONNU. Bonsoir.

Freud récupère ses esprits et prend subitement le revolver qu'il avait laissé sur la table et, le tenant à bout de bras, met l'Inconnu en joue.

FREUD. Je vais tirer.

L'INCONNU *(avec un sourire)*. Ah oui ?

FREUD. Je vais tirer.

L'INCONNU. Bien sûr. *(Un temps.)* Mais si j'étais ce fou qui s'échappa ce soir, ce Walter Oberseit, ou bien cet homme qui poursuit chaque après-midi Anna de ses assiduités, vous feriez un cadavre. Une balle : un mort. Pensez, docteur Freud, perdre la foi et la liberté au même instant, et puis finir dans une prison pour meurtre, le pari en vaut-il la peine ?

FREUD *(tremblant)*. J'ai confiance. Vous ne tomberez pas.

L'INCONNU. Eh bien, restez-en là. <u>La foi doit se nourrir de foi, non de preuves.</u>

FREUD *(les mains vacillantes)*. Pourquoi vous moquer ? Tu serais le diable, tu ne ferais pas autrement.

L'INCONNU. Un dieu qui se manifesterait clairement comme Dieu ne serait pas Dieu mais seulement le roi du monde. Je m'enveloppe d'obscur, j'ai besoin du secret ; sinon, que vous resterait-il à décider ? *(Mettant le canon de l'arme sur son cœur.)* <u>Je suis un mystère, Freud, pas une énigme.</u>

FREUD. Je ne suis pas converti.

L'INCONNU. Mais toi seul peux te convertir : tu es libre ! C'est toujours l'homme qui fait parler les voix...

FREUD. Je n'ai rien gagné.

L'INCONNU. Jusqu'à ce soir, tu pensais que la vie était absurde. Désormais tu sauras qu'elle est mystérieuse.

FREUD. Aide-moi.

Le Visiteur

L'INCONNU *(il enjambe la fenêtre).* Au revoir, Freud.

Il disparaît.

SCÈNE 17

Freud a un geste pour rattraper l'Inconnu, mais celui-ci s'échappe.

FREUD. Il a disparu ? *(Il se penche par la fenêtre.)* Ah, tu me nargues !... tu ne veux pas disparaître... tu descends le long de la gouttière, comme un voleur ! *(Pris de rage.)* Ça ne se passera pas comme ça !

Il court au bureau où il reprend son arme et s'approche de la fenêtre. Il ferme les yeux et tire un coup en direction de l'Inconnu. Puis, toussant à travers la fumée, il se penche pour voir.

FREUD. Raté !

Fin.

LE VISITEUR

d'Éric-Emmanuel Schmitt
(Molière de la révélation théâtrale, du meilleur auteur
et du meilleur spectacle du théâtre privé)

Créé le 23 septembre 1993 au Petit Théâtre de Paris
dans une mise en scène de Gérard Vergez, avec Maurice Garrel,
Thierry Fortineau, Josiane Stoleru et Joël Barbouth.
Le Visiteur a été repris le 24 février 1998 et le 10 septembre 1998
au Théâtre Marigny, salle Popesco à Paris

Mise en scène : Daniel Roussel
Assistante : Betty Blanche
Décor et costumes : Carlo Tommasi
Assistante : Sophie Perez
Lumière : Franck Thevenon
Relation Presse : Nicole Herbaut de Lamothe
Assistante : Christine Delterme

Distribution

Rufus : Freud
Tom Novembre : L'Inconnu
Markita Boies : Anna Freud
Jérôme Frey : Le Nazi

Production

Théâtre Marigny, Jean-Marc Ghanassia,
François de la Baume et François Chantenay.

Le Bâillon

Monologue

David entre sur la scène noire et vide. Essoufflé, il semble poursuivre un interlocuteur que l'on ne voit pas.

La lumière le suit, n'éclairant que lui, comme un doigt qui souligne et en même temps isole.

DAVID. Oh, Monsieur ! Monsieur, s'il vous plaît !... *(Il s'arrête soudain :)* Vous... vous vous arrêtez ?... Oui ?... (Étonné :) ...c'est justement... ce que je voulais vous demander... *(Silence gêné. Il ne sait plus quoi dire. Pour lui-même :)* Il s'est arrêté. *(A l'homme invisible :)* Vous l'aviez décidé avant que je ne vous le demande ? Non, ne répondez pas, pardonnez mon indiscrétion : l'habitude de parler tout seul. On monologue ici.

Oui, c'est cela : asseyez-vous. *(Se corrigeant :)* Asseyons-nous ? *(Un temps :)* Et souvenons-nous. On ne fait que cela, ici, se souvenir. Ça tombe bien : je n'ai jamais eu d'imagination.

Le Bâillon

Moi, voyez-vous Monsieur, j'ai longtemps vécu sans m'en rendre compte. Je me levais, je me couchais, j'allais tous les jours aux champs, de temps en temps à la vogue – la vogue... c'est comme cela que chez nous on appelle la fête foraine –, mais je ne savais même pas que je le faisais. Jamais je ne me disais : « Tiens, tu manges une pomme, ou tu trempes tes bottes dans la boue », non, je le faisais, c'est tout, je m'absorbais dans mes actes comme un sucre fond dans l'eau. C'est aujourd'hui seulement que j'en ai gagné la conscience, alors qu'il est trop tard.

Je ne m'étais sans doute jamais posé de questions. J'avais un père, une mère, je ne les jugeais pas. Si l'on m'avait soumis à un interrogatoire, j'aurais sans doute répondu que j'avais le meilleur des pères et la meilleure des mères, car c'est ce qu'ils disaient eux-mêmes. Je n'ai jamais eu d'imagination. Ma mère avait de grands gestes vers moi, quand mon père la giflait parce qu'il avait trop bu ; elle me prenait dans ses bras, me serrait très fort et me criait, en regardant mon père : « Tu ne me ferais pas cela, toi, n'est-ce pas ? Tu ne battrais pas une femme ? Tu ne lui ferais pas de mal ? » Mais il suffisait que les yeux de mon père brillent, qu'ils lui fassent signe de le rejoindre dans la chambre, elle m'envoyait dehors ou bien à l'écurie, estimant sur-le-champ que je n'avais rien à faire dans ses pattes. Je me sentais vague-

Le Bâillon

ment de trop, mais c'était tellement vague, ce sentiment, une haleine dans la brume...

Il fait sombre ici, n'est-ce pas ? Cette grisaille, on ne sait pas si c'est de la lumière ou de l'obscurité.

Il se penche un peu pour voir le visage de l'homme, puis recule, gêné par son audace.

Non, non, bien sûr, gardez votre chapeau. *(Enchaînant :)* Pourquoi est-ce que je vous parle si je n'ai rien à raconter ? Je n'ai pas toujours été comme cela. Disons que tout cela se passait avant...

Parce qu'un jour, il y eut le plafond. Le plafond de ma chambre. Les lézardes et les poutres, qui s'étaient tenues tranquilles depuis la construction de la ferme, se mirent à descendre et monter, à grossir, s'amollir et se tordre, ne supportant plus le poids de l'étage, au point de s'incurver, de gémir, pour retrouver brusquement, certains matins, la force de se remettre en place, retendues, intactes, comme auparavant, même si on les surprenait en ouvrant subitement les paupières.

Puis ce fut ma lampe. Une lampe de chevet que d'aucuns diraient banale et dont je découvris, moi, le pouvoir de métamorphose. Saviez-vous qu'une lampe peut devenir un chapeau, un baobab et même...?... J'avais dû attendre une vingtaine

Le Bâillon

d'années pour me rendre compte qu'il y avait une vie propre des objets, une vie secrète que les hommes, trop occupés par d'autres tâches et ne demandant aux choses que ce qu'elles peuvent leur donner, ignorent étrangement. Je découvrais un monde parallèle et fluctuant que, de mon lit, je prenais le temps d'observer. Car je ne sortis plus guère de ma chambre à ce moment-là.

Ma mère appelait cela : mes fièvres. Mes fièvres furent un véritable bonheur pour ma mère. Elles lui donnèrent l'occasion d'exercer sa bonté, son dévouement, des sentiments nouveaux dont elle semblait se griser. Elle arrivait au-dessus du lit, me dévisageait attentivement, guettant plus les ravages du mal que les traces de la guérison, humant la progression de ses petites narines avides, se donnant à elle-même le spectacle de son bon cœur de mère. J'étais content d'être, dans une modeste part, à l'origine d'émotions qui paraissaient si fortes.

Il tente de voir les traits de l'homme inconnu.

Vous êtes nouveau, ici, peut-être ? Souvent les derniers arrivants n'osent pas se montrer, je pense qu'ils refusent d'admettre qu'ils sont bien là. Ou alors c'est un accident ? Vous avez été blessé ? *(Ayant peur que l'inconnu ne parte :)* Mais je suis indiscret, pardonnez-moi.

Le Bâillon

Je repris mon travail après quelques semaines. Mais les plafonds retombèrent, et même les arbres. La pioche, au verger, se mit à se tordre.

Le médecin me convoqua à la ville, me fit asseoir et s'appuya familièrement sur la table, en face de moi. Il tenait entre ses mains le papier gracile et bruissant qui vient des grands laboratoires ; je songeai que c'était le même qui, parfois, entourait les oranges.

Il me dit que la mort m'avait choisi pour elle. Qu'elle me donnait peu de temps, quelques mois encore peut-être.

Alors Monsieur, savez-vous ce que je fis ? Je l'embrassai cet homme à l'air si triste, avec son stéthoscope tout mou qui pendait à son cou, son pauvre crâne chauve de médecin des villes. Je partis content. Cette délivrance qui m'envahit en apprenant que j'allais mourir ! Tout d'un coup je m'étais senti moi, là, vivant, présent au milieu des choses, dans le monde plein de saveurs qui me donnait de l'appétit. Le crâne chauve m'avait ouvert les yeux : il venait de me faire le présent de l'existence. La force que l'on acquiert à se savoir mortel, c'est-à-dire vivant... Je plaignais les autres de jouir du temps sans le savoir ; à moi, ma vie, bornée, délimitée, avait un prix, sans prolongation indéfinie. Comme cela me semblait long désormais, un jour, un mois, une minute. Et quel pouvoir ! La mort m'avait réveillé.

Le Bâillon

Vous m'écoutez ? Vous vous ennuyez ? C'est normal... Mais ici on s'habitue à tout, même à l'ennui. Disons plutôt qu'on manque de points de comparaison, vu qu'il ne se passe rien...

Je rentrai chez moi et je leur dis, calmement, à mes parents, d'une voix lente, une voix posée que je ne me connaissais pas, une voix presque savante... je leur dis cette maladie, son nom et que j'allais mourir, sans doute, dans les mois à venir, même si l'on n'y croyait pas encore, car on ne croit pas à ce qui n'existe pas, et qu'est-ce qui existe moins que la mort ? Mon père buvait, ma mère se taisait. Puis ses lèvres sifflèrent, en griffant le silence : « Comment l'as-tu attrapée, cette saloperie, hein, comment l'as-tu attrapée ? »
Je vous le disais, Monsieur, je n'ai jamais eu d'imagination.
Lorsque je montais les bêtes jusqu'aux alpages, l'été, et lorsque j'y faisais les foins, plusieurs fois j'avais rencontré l'homme. Lui, il était bûcheron, mais il nous louait ses bras lorsque nous faisions les foins, de gros bras larges et musculeux, si pleins de force que, lorsqu'ils se pliaient, les biceps grossissant donnaient l'impression qu'ils allaient empêcher la main de rejoindre l'épaule. Était-ce le soleil, la fatigue, la hauteur ? Mais un trouble me parcourait les veines lorsque je regardais l'homme de la forêt faucher à mes côtés, je trem-

Le Bâillon

blais toujours un peu. Il était plus souriant que les autres hommes de nos montagnes, et cela même après l'effort, lorsque le jour s'en allait. Alors, une fois que nous étions assis côte à côte, je ne pus m'empêcher de lui toucher le bras, de le tâter, le soupeser, comme une pièce de viande – je ne faisais rien de mal ? ; et puis en m'approchant, je sentis la chaleur lourde de son corps où la transpiration avait laissé l'odeur enivrante d'une poire trop mûre ; et puis en touchant sa peau qui était si fine – si fine, on le voyait surtout autour des cicatrices –, je ne pus m'empêcher de frissonner et de sentir l'écho de mon frisson, sur lui, aussi, sous mes doigts. C'est lui qui nous a déshabillés et allongés sur la mousse. Mais c'est le frisson qui nous avait réunis.

Chaque fois, lorsque nous nous étions épuisés l'un sur l'autre, je me blottissais contre sa poitrine, comme lorsque j'étais petit auprès de ma mère. Il se mettait à respirer plus lentement et j'entendais son gros cœur lent envoyer un sang puissant dans son corps. J'avais le sentiment, enfin, d'être à ma place. Nous ne nous disions pas grand-chose, parce que, je crois, nous n'avions pas besoin de mots pour faire le trajet de l'un à l'autre. L'hiver, je ne le voyais pas. Oh, j'en souffrais sans doute, je ne sais pas... Je n'ai jamais eu d'imagination.

Je répondis à la question de ma mère. Elle jura, d'une langue sèche, comme un fouet, et mon père cracha par terre. J'allai dans ma chambre, parce que la marche depuis la ville m'avait finalement épuisé.

Vous enlevez votre chapeau ? Je ne vous connais pas, Monsieur... Cela m'était plus facile de parler quand votre feutre me protégeait, mais je dois continuer, n'est-ce pas ? De toute façon – c'est comme cela que ça se passe, ici – je ne saurai jamais si vous m'avez entendu.

C'est sous leurs yeux que je devins malade. Ils m'interdisaient de sortir et lorsque, le matin, ils me dévisageaient, ils cherchaient les défaites de la nuit, vérifiaient les progrès de ma maigreur, s'assuraient que mes draps avaient été lessivés par les fièvres. Ils ne considéraient plus, en moi, que ma maladie.

Vous êtes-vous déjà coupé les ongles, Monsieur ? Oui, bien sûr, je suis sot... Eh bien, ne vous êtes-vous jamais demandé si le bout de peau cornée que les ciseaux entaillent et finissent par rejeter sur le sol, c'est *vous* ou simplement *à vous* ? Parfois, je me dis que c'est moi, mes ongles, qu'il est absurde, voire criminel, de m'amputer ainsi : pourquoi devrais-je me haïr, m'assassiner dans mes ongles ? ils *sont moi* aussi bien que mon visage ou mes mains. Puis à d'autres moments, je pense qu'ils ne *sont à moi* qu'accidentellement, une excroissance,

Le Bâillon

un parasite, comme la mousse sur le tronc de l'arbre, ou l'amadou, et je sens très fort qu'il faut m'en débarrasser. Eh bien, voyez-vous, Monsieur, je me posais la même question au sujet de ce que mes parents appelaient « ma maladie ». Si ma maladie c'était moi, alors je ne devais pas la haïr : je ne suis pas l'ennemi de moi-même. Mais si la maladie était une violence venue d'ailleurs, alors je devais la considérer comme un adversaire. Or c'était moi, ma maladie, puisqu'elle m'avait été donnée pendant que je faisais l'amour. Je n'étais donc pas hostile à ce qu'ils appelaient ma maladie.

Mais je ne comprenais pas – je n'ai jamais eu d'imagination – que ma maladie, c'était leur honte, et qu'ils lui préféraient ma mort. Ils s'impatientaient, ils ne me voyaient plus, ils fixaient derrière moi l'ombre qui me guettait, je devenais transparent. Mes regains de santé les agaçaient, cela n'allait pas assez vite ; ma vie – pardon : ce qu'ils appelaient « mon agonie » – leur devenait odieuse. Je crois – car ils ne sont pas mauvais – qu'ils attendaient que je sois mort pour pouvoir me regretter. Un soir, j'entendis mon père hurler : « Je vais le foutre dehors, je vais le foutre dehors ! » Un voisin avait souri un petit peu trop en croisant mon père sur le chemin.

Alors j'ai ramassé toutes mes forces et je suis retourné le voir, l'homme de la forêt, et je lui ai dit qu'en me faisant l'amour, il m'avait aussi

Le Bâillon

donné la mort. Il ne le savait pas. Je lui ai dit. Et nous avons recommencé. Mais j'étais faible, déjà, alors il me tint très très fort dans ses bras.

Lui, il ne me soignait pas. Nous vivions côte à côte, et ensemble parfois. Je ne quittais guère le lit, mais il venait m'y rejoindre.

Parfois je criais ; ce n'était pas de peur – je n'ai pas d'imagination –, c'était le corps qui criait, la bête stupide en moi, la bouche qui grimace, les poils qui se dressent, et ma peau suant sous la griffe des frissons. Alors, pour étouffer mes cris, il mettait sa bouche en bâillon contre la mienne. Et pendant les longues heures où je devais mourir, ses lèvres burent mes cris. Puis, au dernier moment – comment le savait-il ? il savait tout de moi –, lorsque mes yeux se tournèrent en arrière, il enleva sa bouche et murmura : « A bientôt, je viendrai te rejoindre. »

Voyez, Monsieur, depuis que je suis ici, rien ne va plus. Je souffre. Car le mal, ce n'est pas la douleur – non, ça, c'est une idée de vétérinaire –, le mal, c'est l'imagination !

J'ai pris de l'imagination. A tout instant, je songe au moment où lui aussi mourra, seul, la bouche ouverte sur la souffrance, où je ne serai pas là pour boire à mon tour sa douleur, lui servir de bâillon...

Noir.

L'École du diable

PERSONNAGES

LE MÉDECIN
LE MAJORDOME
LE DIABLE
AGALIAREPT
SARGATANS
NEBIROS
CARON

Ténèbres.
Quelques gouttes semblent suinter et tomber de murs qu'on ne voit pas.
On entend des lourdes portes qui se ferment en sonnant comme des glas ; puis des pas, des pas rapides sur un sol humide et métallique ; ils se répercutent en hauts échos le long d'une cathédrale d'acier.
Enfin les pas de droite rejoignent les pas de gauche : le Médecin rencontre le Majordome.

LE MAJORDOME. Eh bien ?

LE MÉDECIN. Stationnaire.

LE MAJORDOME. Sa température ?

LE MÉDECIN. Mille.

LE MAJORDOME. Mille ? Normale donc ?

LE MÉDECIN. Normale.

LE MAJORDOME. Ses battements de cœur ?

LE MÉDECIN. Aucun.

L'École du diable

LE MAJORDOME. Normal donc ?

LE MÉDECIN. Normal.

LE MAJORDOME. Quelle est votre conclusion ?

LE MÉDECIN. Dépression.

LE MAJORDOME. Mais je ne vois pas du tout ce qui pourrait le déprimer, tout va au plus mal.

LE MÉDECIN. En êtes-vous sûr ?

Pour donner plus de poids à ses dires, le Majordome saisit un immense rouleau de papier couvert d'informations. Il commente :

LE MAJORDOME. Nous avons actuellement plus de quinze guerres sur le globe, assez salement ravageuses grâce aux progrès techniques ; un bon million de situations tendues qui font plusieurs morts et quelques blessés graves par mois ; trois tremblements de terre ; deux cyclones ; cinquante inondations et une sécheresse chronique ; une moitié de l'humanité crève de famine, l'autre moitié d'indigestion, la médecine se chargeant des rescapés ; il traîne encore sur la terre cent vingt-cinq maladies mortelles ; les prisons sont pleines ; les galères et les ghettos aussi ; la peine de mort triomphe ; la torture ronronne dans l'huile ; l'indifférence devient une vertu maîtresse ; on gifle les enfants, on les frappe, on les tue, on les viole ; les religions poussent à l'abus ou au crime sexuel,

L'École du diable

bref, je ne vois vraiment pas ce qui pourrait le déprimer !

Le Diable sort de l'ombre, cassé par la douleur.

LE DIABLE. La banalité. Nous clapotons dans la banalité, je m'enlise, j'étouffe.

LE MAJORDOME. Votre Diablerie, vous ne pouvez dire cela. Tout est pour le pire dans le pire des mondes possibles.

LE DIABLE. Il n'y a plus d'avenir pour nous. Le mal est fini.

LE MAJORDOME. Allons, c'est tout le contraire ! Vous ne pouvez négliger le renfort inattendu que nous ont récemment apporté les sciences. Le progrès, votre Diablerie, avec tout ce que la physique et la chimie permettent aux hommes désormais, nous a donné l'occasion de décupler notre activité. La bêtise n'a pas augmenté, certes, mais, grâce au soutien de l'intelligence, la bêtise tue beaucoup mieux qu'avant.

LE DIABLE. Bah ! Négligeable !

LE MAJORDOME. Ah permettez ! J'ai des chiffres !

LE DIABLE. Foutaises ! Pelures d'oignon ! La réalité, c'est que le mal ronronne et tourne à vide. Il faut trouver quelque chose de nouveau.

LE MAJORDOME. Avez-vous consulté les dossiers que je vous ai transmis ? Vos experts, sur votre demande, ont fait plusieurs propositions concrètes qui ne me semblent pas dépourvues d'intérêt.

LE DIABLE. Vieilles chaussures ! Routine ! Nouvelles armes, nouvelles épidémies, un holocauste, deux guerres mondiales... rien de neuf en vérité, j'ai fait cela mille fois. Vos experts ne sont pas des experts, mais des historiens. D'ailleurs, je ne les aurais pas nommés experts s'ils étaient capables d'inventer.

Grand fracas.
Déboulent Agaliarept, Sargatans et Nebiros, trois lieutenants des Enfers. Le Médecin s'enfuit.

AGALIAREPT. Seigneur !

Ils sont au garde-à-vous.

LE DIABLE. Hou ! Voilà qui pue rudement ! Enfin, une odeur qui rassure.

AGALIAREPT. Votre Diablerie, je crois que nous vous apportons la solution !

LE MAJORDOME. Constituez un dossier, nous l'examinerons.

LE DIABLE. Va, parle.

AGALIAREPT. Nous sommes descendus faire un tour sur terre : l'humanité est un cloaque, ça ne s'arrange pas, mais ça ne s'amplifie pas non plus. Vous aviez raison, il faut prendre des mesures.

L'École du diable

LE DIABLE *(au Majordome)*. Ah, tu vois !

LE MAJORDOME. Paroles de courtisan !

LE DIABLE *(à Agaliarept)*. Continue.

AGALIAREPT. Tout ce que nous avons essayé d'inventer ces derniers siècles relève du bricolage.

LE MAJORDOME *(vexé)*. Mais c'est inadmissible ! Et la poudre, les canons, les armes nucléaires ?

AGALIAREPT. Bricolage !

LE MAJORDOME. Et la mondialisation de l'économie, la mondialisation des conflits ?

AGALIAREPT. Bricolage ! On a simplement agrandi les frontières du village. Ce qu'il nous faut, c'est une révolution !

LE MAJORDOME. Des révolutions ? Si je n'en ai pas organisé dix mille déjà, c'est dix mille deux.

SARGATANS. Il ne comprend pas, votre Diablerie, il faut intervenir là où les hommes ne nous attendent plus : dans leurs esprits.

LE DIABLE. Que proposez-vous ?

SARGATANS. Changer leur regard sur le mal.

LE DIABLE. C'est-à-dire ?

SARGATANS. D'abord vous supprimer.

LE MAJORDOME. Pardon ?

L'École du diable

SARGATANS. Ne plus parler du Diable, ou de nous, ses lieutenants. Nous devons disparaître pour devenir efficaces.

LE DIABLE. Je ne comprends pas.

SARGATANS. Il faut ôter sa réalité au mal, qu'on ne le voie plus, qu'on le nie. Tenez, nous vous proposons trois stratégies. A toi, Nebiros.

NEBIROS. Je suis une théorie selon laquelle le mal n'existe pas. Chacun cherche toujours à faire quelque chose de bien. Et, si ce n'est pas le bien en soi, chacun désire quelque chose de bon pour lui. Bref, le bien et le bon, voici les deux seuls objectifs de l'individu. Imaginez, votre Diablerie : à partir du moment où l'homme pense cela, le mal n'est plus qu'un accident de parcours, une erreur de jugement, une peccadille, un dysfonctionnement passager, une mouche qui s'égare. Le mal devient négligeable, vidé de son poids, illusoire. Le fauteur reste innocent.

LE DIABLE. Brillant ! Comment appelles-tu cela ?

NEBIROS. L'idéalisme. Croyez-moi, si les consciences humaines s'endorment ainsi dans leur célébration, nous pouvons nous y infiltrer, y prendre toute la place et y travailler durablement.

Le Diable a un petit rire et se tourne vers Sargatans.

L'École du diable

LE DIABLE. Et toi, Sargatans ?

SARGATANS. Je suis une théorie selon laquelle le mal n'est jamais qu'un moindre mal. Un mort vaut mieux que cent, une petite guerre vaut mieux qu'une grande, un otage exécuté mieux qu'un conflit ouvert. Je suis le mal à la petite semaine, le mal préventif : une condamnation à mort, même celle d'un innocent, a une valeur d'exemple et d'intimidation ; la comédie de la justice l'emporte sur la justice ; la vérité ne compte pas, seulement la vraisemblance de l'ordre. Je purge. Je fais le mal pour éviter un mal plus grand. Je noie le mal dans l'océan du relatif, je détermine, je soupèse, je minimise. Tout se calcule. Il n'y a plus de mal, seulement des chiffres, des stratégies. J'analyse, je ne sens rien, je n'ai pas de regard moral, je suis...

LE DIABLE. Tu es ?

SARGATANS. Le pragmatisme.

LE DIABLE. Es-tu sûr que cela fasse une théorie ?

SARGATANS. Certain. La froideur et l'absence de sentiments, chez les hommes, cela passe facilement pour de l'éthique.

LE DIABLE *(à Agaliarept).* Et toi ?

AGALIAREPT. Je suis une théorie selon laquelle un mal n'est jamais volontaire, mais provient d'un ailleurs non humain.

L'École du diable

LE DIABLE. Là, tu exagères, ce n'est pas crédible.

AGALIAREPT. Si. Les vraies raisons d'un acte mauvais demeurent tapies dans une zone d'ombre de l'esprit, des ténèbres, quelque chose comme ici, qu'on pourrait appeler l'inconscient. Si l'homme tue, si l'homme vole, c'est par manque d'amour. Il a derrière le crâne un carrefour inconnu traversé de pulsions violentes dont certaines vont s'exprimer sous de fausses formes mais il sera convaincu que ce n'est pas lui, sa conscience, qui agit, mais son inconscient, une bête immonde en lui.

LE DIABLE. Habile mais trop poétique : ça ne marchera jamais.

AGALIAREPT. Ça marchera. Les hommes adorent s'innocenter. Ils se prendront pour des anges, des anges à l'aile froissée qui font une petite indigestion.

LE DIABLE. Et tu appelles cela ?

AGALIAREPT. Le psychologisme.

Le Diable éclate de rire. Il se tourne vers le Majordome.

LE DIABLE. Caron ! Appelez Caron. Vite !

Le Majordome disparaît prestement. Le Diable a retrouvé son allégresse. Les lieutenants triomphent.

AGALIAREPT. La conscience à l'ancienne disparaît.

L'École du diable

SARGATANS. L'homme se pare d'une conscience nouvelle, d'une conscience qu'il croit hautement intellectuelle.

NEBIROS. Il déclare ne plus jamais faire le mal. Jamais coupable. Jamais responsable. Un homme lavé. Une fesse de bébé sur l'autel.

LE DIABLE. Bravo, Agaliarept, Sargatans et Nebiros. J'ai compris, j'adopte toutes vos propositions, je disparais, je n'existe plus que dans l'invisible, et là, je m'incruste.

AGALIAREPT. L'invisible, votre Diablerie, c'était cela, la solution !

SARGATANS *(gaffeur).* Oui, l'invisible, comme Lui, là-haut.

Un temps.

LE DIABLE *(maussade).* Taisez-vous.

Il y a un silence gêné.

LE DIABLE. Bien. Au travail. Mais vous ne pouvez pas y aller comme cela.

Caron entre sur scène avec sa barque, suivi du Majordome.

LE DIABLE. Caron, récupère-les. Et qu'ils fassent le voyage à l'envers. Transformons-les, d'abord.

Les trois lieutenants du Diable passent derrière un paravent. Il en ressort trois enfants, trois très beaux

L'École du diable

enfants presque nus, fragiles et émouvants. Caron les aide à monter sur sa barque.

LE DIABLE. Qu'ils sont beaux ! Et comme ils vont faire du mal...

Caron commence à ramer, sur un Styx qu'on imagine aux eaux lisses et huileuses. Les trois enfants demeurent debout, insoutenablement beaux.

LE DIABLE *(tendrement)*. Au revoir mes bichons. A bientôt. Ne revenez pas trop vite.

Et il fait, sous un rire naturellement sardonique, de grands signes d'adieu aux trois enfants qui sourient sur l'esquif infernal.
Le Médecin entre et découvre le tableau de l'étrange embarquement. Remarquant que le Diable rit de nouveau, il pousse un soupir de soulagement et demande au Majordome :

LE MÉDECIN. Mais que se passe-t-il ? Il rit ?

LE MAJORDOME. Oui... sa Diablerie a entièrement retrouvé son allégresse.

Ils regardent les trois enfants partir sur la gondole de Caron.

LE MÉDECIN. Que leur envoie-t-il ? Un nouveau virus ? Une guerre mondiale ? Une catastrophe naturelle ?

LE MAJORDOME. Mieux. *(Un temps.)* Des penseurs.

L'ÉCOLE DU DIABLE
d'Éric-Emmanuel Schmitt

Créé pour une soirée exceptionnelle d'Amnesty International « Théâtre contre l'oubli », le 9 décembre 1996 à l'Odéon, Théâtre de l'Europe, par Francis Huster.

Table

La Nuit de Valognes / 7
Le Visiteur / 131
Le Bâillon / 223
L'École du diable / 235

DU MÊME AUTEUR

Aux Éditions Albin Michel

Romans

LA SECTE DES ÉGOÏSTES, 1994.
L'ÉVANGILE SELON PILATE, 2000, 2005.
LA PART DE L'AUTRE, 2001.
LORSQUE J'ÉTAIS UNE ŒUVRE D'ART, 2002.
MA VIE AVEC MOZART, 2005.

Le cycle de l'invisible

MILAREPA, 1997.
MONSIEUR IBRAHIM ET LES FLEURS DU CORAN, 2001.
OSCAR ET LA DAME ROSE, 2002.
L'ENFANT DE NOÉ, 2004.

Essai

DIDEROT, OU LA PHILOSOPHIE DE LA SÉDUCTION, 1997.

Théâtre

LA NUIT DE VALOGNES, 1991.

LE VISITEUR (Molière du meilleur auteur), 1993.

GOLDEN JOE, 1995.

VARIATIONS ÉNIGMATIQUES, 1996.

LE LIBERTIN, 1997.

FRÉDÉRICK OU LE BOULEVARD DU CRIME, 1998.

HÔTEL DES DEUX MONDES, 1999.

PETITS CRIMES CONJUGAUX, 2003.

MES ÉVANGILES (*La Nuit des Oliviers, L'Évangile selon Pilate*), 2004.

Le Grand Prix du Théâtre de l'Académie française 2001
a été décerné à Eric-Emmanuel Schmitt
pour l'ensemble de son œuvre.

Site Internet : eric-emmanuel-schmitt.com

Composition et impression :
Imprimerie Floch, août 2005
Éditions Albin Michel
22, rue Huyghens, 75014 Paris
www.albin-michel.fr

ISBN : 2-226-10963-3
N° d'édition : 23821. – N° d'impression : 63658
Dépôt légal : septembre 1999
Imprimé en France

Eric-Emmanuel Schmitt
Théâtre

« La philosophie prétend expliquer le monde, le théâtre le représenter. Mêlant les deux, j'essaie de réfléchir dramatiquement la condition humaine, d'y déposer l'intimité de mes interrogations, d'y exprimer mon désarroi comme mon espérance, avec l'humour et la légèreté qui tiennent aux paradoxes de notre destinée. Le succès rend humble : ce que je croyais être mon théâtre intime s'est révélé correspondre aux questions de beaucoup de mes contemporains et à leur profond désir de réenchanter la vie. »

Eric-Emmanuel Schmitt